北国の暮らし

今を豊かに生きる家しごと庭しごと

Kuro

ずっと家族を見守ってきた庭は、四季折々の表情を見せてくれます。庭を歩くことを日課にしている祖母の手には、虫の声や風の音を記録するためのレコーダーがあります。

好奇心旺盛で多彩な趣味遍歴を持つ祖母。70歳を越えて再開したピアノは毎日欠かさず弾いています。カメラ機能の性能の良さに惹かれて、手に入れたスマホで撮る写真の腕前もなかなかのもの。長年書き続けている日記のワープロ入力もライフワークのひとつです。

料理が趣味の母。昆布などで作る水だしは冷蔵庫で常備しています。キッチンガーデンで収穫したトマトやいんげん豆などは余計な味つけはせず、素材の味を楽しめる調理法で食卓へ。窓際には出番を待つ木製まな板が並びます。野菜のクズは、庭で堆肥にします。

mont·bell

荒れ放題だった庭は、ガーデンデザイナーの母によって再生され、花やハーブ、野菜、草木が植えられました。キッチンガーデンで栽培した枝豆や赤い色の大根、トマトハウスで実ったトマトは母お気に入りのカゴへ。収穫しながら、何を作るか、考えるそうです。

「コテージガーデン」と名づけられたわが家の庭のセンターゾーンには、バラを植えています。きれいな花を咲かせるためにバラの花がらを摘むのもバラ栽培では大事な作業。ローズシロップを作るのも母の家しごとのひとつで母は専用のバラも育てています。

梅干しや梅シロップ、トマトの瓶詰めなどを旬の時期に作ることを母は楽しみにしています。定期的に作り続けている甘酒は瓶詰めして冷凍。使用する米麹は北海道の蝦夷ノ富士醸造の〈北海道産米〉生こうじで、甘酒以外にも醤油麹や玉ねぎ麹にも使います。

カーテン全開の窓から見える風景、念願のミシンで作った植物柄カーテン、リフォームの際に張った植物柄の壁など家の中には母の好きなものが数多くあります。バランスの良い食事を意識したある日の夕食は、母が育てた野菜や手作りトマトソースのパスタです。

ブランデーワイン
グレートホワイト
ブランデーワインイエロー

専業主婦時代にアメリカから取り寄せた種苗カタログは、母が園芸の道に進むことになったきっかけのひとつ。今、わが家のトマトハウスで育てているトマトは流通していないものが多いので、食べる前に種を採種。乾燥させて、次の年のトマト栽培に活用します。

650g
Maldon
SMOKED
Sel de Guérande
Sel Moulu
1 kg
ALBERTO
ALBERTO
こめ油
特選
北海道産
ゆめぴりか

下ごしらえした食材を入れた容器や手作り調味料などであふれる冷蔵庫内。定番の調味料は町の食料品店で購入しますが、わざわざ取り寄せるものも。冷凍庫にはわが家の定番「カレーの素」や母の大好きなゆで豆などがあり、必要なときに解凍して調理します。

祖母好みのモダンな家具や調度品などがある祖父母の家は、幼い頃、父母の不在時に過ごしたこともあり、僕にとっては慣れ親しんだ場所。書きためている日記、子ども時代の僕や姉兄たちを撮った写真などから、僕たち家族の歴史もうかがい知ることができます。

Wolfgang Amadeus Mozart
Serenade

CONTENTS

story Ⅱ 庭しごと

Family GARDENS

staff
ブックデザイン　天野美保子
撮影　亀畑清隆　Kuro（2−3p、37pほか）
イラスト　梅木はるか
取材・文　宮前晶子
校正　麦秋アートセンター
DTP　キャップス
編集　前山陽子（KADOKAWA）

prologue

Kuroのはじめに

祖母宅リビングで。
祖母92歳、母67歳。

はじめまして、Kuro（クロ）と申します。YouTubeで『Kuro―北国の暮らし』（以下『北国の暮らし』）というチャンネルを運営しています。

北海道のとある雪深い田舎町で生まれ育ち、大学進学を機に上京。その後、海外留学や世界一周旅行、そして数年間の会社員生活を経て、また北海道に戻ってきました。

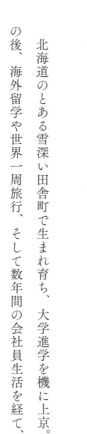

外の世界を見てきた経験から、「北海道っていいな」「うちの家族の暮らしって、面白いかも」とあらためて思うようになったのがチャンネルを開設した動機のひとつです。

動画に登場するのは、主に67歳の母と、92歳の祖母。ガーデンデザイナーとしての仕事をしながら、キッチンでの料理や自宅の庭づくりに精を出す母や、たくさんの趣味を持つ祖母の日常、そして北海道の四季

ドローンで撮影した庭の一部。

折々の自然の美しさを映像として記録し、発信しています。

日本国内に加え、海外のさまざまな国や地域で視聴され、おかげさまでチャンネル登録者数は31・3万人（2025年1月14日時点）になりました。母の料理や調理道具、庭のこと、祖母の着る服などの質問に加え、母や祖母自身のことに興味を示すコメントも増えてきました。

この本では、動画ではほとんど言葉を発することのない母と祖母に登場してもらい、暮らしへの思いを語ってもらいます。あわせて、今のようにものがあふれかえっておらず、簡単には手に入らない時代の暮らしの中で身につけてきた知恵や工夫、人生を楽しく味わうコツなども紹介しています。

読んでくださった方々に、「毎日を愛おしみながら暮らすっていいな」「今日から真似してわが家でもやってみよう」と思ってもらえたら、祖母・母・僕、そして家族全員、嬉しいです。

きっと面白い
動画になる！
と確信して
ＹｏｕＴｕｂｅ
『北国の暮らし』
開設

ＹｏｕＴｕｂｅチャンネル『北国の暮らし』は、２０２２年1月に開設しました。岐阜県で働いていた会社を退職し、北海道に戻ってきて少し経った頃です。

コロナ禍前後、会社員として働いていたとき、たまたまＹｏｕＴｕｂｅのおすすめに出てきた暮らし系ジャンルの動画を見たことがあります。美しい映像で見ていて心地が良く、どことなく安心感のある田舎暮らしの動画でした。

ふと、北海道の実家のことを思い出しました。母や祖母、兄たちが四季を楽しみながら暮らしていることを知っていた僕は「実家の暮らしを題材にしたＹｏｕＴｕｂｅチャンネルを作ったら面白いかもしれない」と考えました。それが『北国の暮らし』誕生のきっかけです。

僕はもともとカメラで写真や動画を撮影することが好きでした。会社員時代、ＧＷやお盆といった大型連休で実家に帰省するたびに、家族の

記念すべきYouTube動画投稿
第1回のサムネイル。

写真や動画を一眼レフで撮影して思い出を記録していました。

もっとさかのぼると、小学生の頃、祖母が持っていたビデオカメラを使って、毎日のように祖母や祖父のことを撮影して遊んでいた時期もあります。中学生になると、そのビデオカメラを借りて、友人たちとふざけ合いながらコント動画のような映像作品を作ったこともあります。

そんな僕が、今この時代にＹｏｕＴｕｂｅ活動をするというのは、至って自然な流れなのかもしれません。


それまで働いていた会社を辞めて北海道札幌市に移住し、「月に数回、実家に帰ってＹｏｕＴｕｂｅの撮影をさせてほしい」と家族に伝えたときは、少しも驚かれることなく、すんなりと受け入れてくれました。

父も母もそれぞれ経営者なので、「会社員」は働き方の選択肢のひとつに過ぎないということをよく理解しています。

料理する母を撮影中。

庭を歩く祖母をカメラで追います。

主な被写体は母と祖母です。

父は昔から写真や動画に映るのが嫌いなので、完全NG。母とはチャンネルを開設する前に少しだけ話し合って、料理やガーデニングを中心にした「暮らし」の様子を撮影していこうと決めました。

祖父母にも撮影の許可を取りましたが、先述した通り、幼少期に祖母のビデオカメラを使って遊びで動画撮影をしていた過去があるため、祖父母にとっては孫の「遊びの延長」という認識でしかなかったと思います。実際、その通りなのですが（笑）。

チャンネルを開設する前から「きっと面白い動画になる」という確信に近いものがありました。

母の料理や庭づくりの創造性と、当時89歳だった祖母の多様な趣味、そして北海道の四季の美しさ。

これらを僕なりの感性でミックスすれば、他にはない唯一無二の映像

幼少期、飼っていた犬
「Kuro（クロ）」と僕。

作品を作ることができると考えていました。

当時のメインの撮影機材はＳＯＮＹのα７Ⅲというミラーレス一眼カメラです。もともと趣味として使っていた機材をそのまま使うことにしました。

２０２１年の年末に最初の撮影をし、まずは３分程度の短いプロローグ動画を制作しました。公開前に母たちに見せたところ、好評を得られたので、そのまま年明けの２０２２年１月に動画を公開し、ＹｏｕＴｕｂｅ活動をスタートさせました。

ＹｏｕＴｕｂｅの活動名義は「Ｋｕｒｏ」。

昔飼っていた犬の名前を拝借しました。

音と映像で
この世界に
没頭して欲しい

最初に投稿した動画の中で言及していますが、僕がＹｏｕＴｕｂｅを始めた主な理由は下記の通りです。

・今も昔も変わらない、実家の日常を、記録しておきたいから
・世代を超えた知識や価値観を、映像として残し、伝えていきたいから
・日本の、北海道の、美しい四季や食を、世界に発信したいから

今でもこれら３つの理由を常に意識しながら動画作りをしています。

チャンネル開設当初は、これらの初心を忘れず、自分のやりたいように動画を作り続ければ、おのずと登録者数は増えていくだろうと楽観していました。

しかしながら、現実はそこまで甘くはありません。最初の３か月に10本ほど動画を投稿した段階で、チャンネル登録者数は１００人にも満たないような状況でした。

322万回再生、1775件（2025年1月時点）のコメントをいただいた「90歳のおばあちゃん&おじいちゃんのモーニングルーティン」に登場する祖父母。

そこで、国内・海外問わず、同じジャンルのＹｏｕＴｕｂｅチャンネルを徹底的に分析しました。合計１００チャンネル以上は分析したと思います。伸びている動画と伸びていない動画、それぞれの共通点や相違点を洗い出して比較し、自分のチャンネルにはどのような要素が足りないのかを考えました。

この本はＹｏｕＴｕｂｅマーケティングの本ではないので詳しい話は省略しますが、そのときに打ち立てた戦略が功を奏し、２０２３年３月には大きく伸びて、チャンネル登録者数が一気に３万人を突破。同年８月には10万人を超えました。

特に「90歳のおばあちゃん&おじいちゃんのモーニングルーティン」という動画が大きく伸び、３００万回再生を超えるヒット動画となりました。

たまにコメントで「映像制作の仕事をされているのですか？」という

ドローンでの撮影も独学で。

質問をいただきますが、前職はメーカーで営業や経営企画といった仕事に携わっていたので、映像に関わる仕事をしたことはありません。

完全に独学です。ただし、他のＹｏｕＴｕｂｅチャンネルを参考にしたり、映画やアニメなどの演出や表現方法を取り入れたりすることはよくあります。また、新しい動画を制作する際、必ず何かひとつ新しい要素を取り入れることを心がけています。

例えば、「今回は、今まで使ったことのないこのＢＧＭを使ってみよう」とか「今回はエンディングに鳥のさえずりを流してみよう」といったように、とても簡単なことではありますが、毎回何か新しいチャレンジをするということを強く意識しています。新しいことを試せば、それが経験となって蓄積されます。経験が増えれば、より奥深い映像を制作できるようになる気がするのです。

ＹｏｕＴｕｂｅチャンネルを運営する場合、台本が必要なことが多いと思いますが、『北国の暮らし』には台本が存在しません。

母や祖母が暮らしている様子をただ撮影するだけなので、そもそも台本など必要ないといった方が正しいかもしれません。ごくまれに、「ごめん、今のもう1回やって！」とか「もうちょっとゆっくり歩いて！」といったディレクション（お願い）をすることはありますが、基本的には過度な演出はせず、ありのままの姿を映し出しています。


他に『北国の暮らし』の大きな特徴として、第三者視点でのVlogであるということや、カット数を多くしてテンポ感の良さを意識していること、音にこだわってリズム感を重視していること、そしてドローンによる空撮などが挙げられると思います。

あくまでも主役は母と祖母なので、僕自身の自己主張は少なめです。なるべく客観的な視点で暮らしの様子を淡々と伝え、文字ではなく音と映像に没頭してもらえるような動画編集を心がけています。

YouTubeをやってもやらなくてもわが家は変わらない

YouTubeの撮影は月に1〜2回、土日に行うことが多いです。母の仕事のスケジュール次第なので、夏の忙しい時期はなかなかタイミングが合わず撮影できないこともあります。祖母はいつでも撮影できるのですが、撮影回数はそんなに多くはありません。どちらかというと撮影はせずに、いっしょにお茶を飲んだり、他愛のない話をしたりすることが多いです。気が向いたらカメラを回して、撮れ高があれば動画化します。祖母が登場する動画は人気ですが、あまり張り切って撮影すると祖母も意識して疲れてしまうので、ほどほどにしています。

『北国の暮らし』は一種のドキュメンタリーですので、「撮影のための撮影」はしません。僕が撮影するから母が庭しごとをするのではなく、母が庭しごとをするから僕が撮影しに行く、というスタンスです。

母は常に動き続けているので、カメラで追いかけるのが大変です。僕が三脚を立ててカメラのピントを合わせた直後に、母はもう次の作業に

庭の一隅にあるテーブルコーナー。

移っていて、大事な瞬間を撮り逃してしまうといったケースは何度もあります。それに対し、祖母は動きがゆったりとしていて、次の動きが予測しやすいので、とても撮影がしやすく大変助かります（笑）。

母や祖母の暮らしを撮影するだけではなく、北海道ならではの雄大な自然や四季の移り変わりをお見せすることも忘れてはいけません。撮影の合間には庭の植物や空の様子、遠くの山々の景色などを撮ります。季節や時間帯、天候によって、同じ場所であっても見え方が大きく変化するので、常に新鮮な気持ちで撮影することができます。

鳥や虫といった生き物を撮影するのも好きです。庭にはたまにキタキツネやエゾリスといった動物も現れますが、警戒心が強く、映像におさめられたことは一度もありません。

ＹｏｕＴｕｂｅで視聴者の方々からの人気が高いのは、母の料理です。手際良く包丁で食材を刻む音や、珍しい調味料、こだわりの食器、そしてできあがったおいしそうな料理は、コメントでも好意的な反応を多数いただいています。また、祖母がピアノを弾く動画も人気です。現在92歳ですが、今でも毎日30分以上ピアノを弾くという日課は欠かさず継続しています。祖母がピアノを弾いたり、何か趣味に興じたりしている様子を見ると、元気や勇気をもらえるという方が多いようです。

ＹｏｕＴｕｂｅを始めたからといって、家族との関係に大きな変化はありません。しいて言うなら、毎月実家に通っているので、家族とのコミュニケーションの機会が以前よりも格段に増えたことくらいでしょうか。大人になり自立すると、家族と会う機会はだんだんと減っていくのが普通なので、その点ではとても良いことだと僕は思います。

大変ありがたいことに、僕の家族はみんなＹｏｕＴｕｂｅの撮影に積極的に協力してくれます。母や祖母はもちろんのこと、父や祖父、僕の

介護施設で暮らす祖父が
一時帰宅した際に。

姉兄やその家族も、決してＹｏｕＴｕｂｅ活動について否定的なことは言いません。父は僕がＹｏｕＴｕｂｅチャンネルを始めた当初は、撮影中でもお構いなしにテレビを視聴したりしていましたが、最近では気を使ってくれて、なるべく静かに、撮影の邪魔にならないように振る舞ってくれています。申し訳ないという気持ちと同時に、感謝の気持ちでいっぱいです。

祖父は２０２３年に介護施設に入りましたが、自宅に一時帰宅した際に、「お前はすっかりカメラ屋さんになったんだな。頑張れ」と言ってくれたことが印象深いです。祖父には月に数回、家族が交代で必ず会いに行っています。認知症は進みましたが、至って健康体です。

みんな少しずつ年を重ねて、取り巻く環境も変化していますが、家族の関係性は今も昔も変わりません。変わらないからこそ、今のうちに映像として記録し、僕たちが生きた証を残したいと考えたのです。

母のはじめまして

はじめまして。『北国の暮らし』に登場するＫｕｒｏの母です。

現在67歳の私は、４人きょうだいの末っ子であるＫｕｒｏが４歳のときに小さな園芸店『コテージガーデン』をスタートさせました。

自分の庭を作りたくて始めた仕事だったのに、園芸店が次第に忙しくなっていき、庭づくりはおろか、家しごともできなくなっていました。

60代に入り、このペースでいつまでも仕事は続けられないと思った私は、２０２０年に仕事をいったんリセットし、自分の庭も家しごともできるペースを取り戻すこととしました。

現在はフリーランスとしてガーデン管理、ガーデンデザインの仕事を請け負っています。

北海道のガーデンシーズンは雪解け後から始まります。

キッチンガーデンで収穫した野菜を洗って夕食準備。

それからは容赦なく季節が進むので、自分の庭も仕事先の庭も同時にピークを迎えます。今日はあちらの庭、明日はこちらの庭といろいろな庭に出没して、春から夏まで息つく暇がありません。夏になりようやく一段落したと思ったら、冬はすぐそこ！　北海道の庭しごとは、お盆過ぎから冬支度を意識した動きになるのです。

本当に1年があっという間に過ぎてしまいます。

のんびり過ごす暮らしからは程遠い私ですから、キッチンで何品もの料理を作る姿や、窓の外で雪が降りしきる冬の日にひたすら保存食を作り続ける様子のＹｏｕＴｕｂｅ動画が好評というのは驚きです。

動画を視聴された方はお察しかと思いますが、私は丁寧に細かく作業をするのではなくて、大ざっぱにざっくりとやるタイプ。

「お母さま、素敵です」「憧れます」なんてコメントをいただきますが、自分のことじゃないようで、背中がくすぐったいです。

でも、限られた時間や自分が置かれる環境の中で、家のことも仕事も全力でやってきたからこそ、編み出した工夫はいろいろ。この本では、そんな私なりの暮らしの術をお伝えできたらいいなと思います。

Ｋｕｒｏの母

story Ⅰ 家しごと

主婦業空白の25年間を埋める今の日々

私は、北海道にある小さな町で生まれ育ちました。札幌の高校を卒業後は武蔵野美術短期大学（当時。２００３年に廃止）に進学し、テキスタイルデザインを学びました。約３年間の東京暮らしを経て、生まれ育った町へ戻ってきて結婚。それから46年、ずっとここで暮らしています。

結婚してから16年間は専業主婦。働く夫を支える妻として、４人の子どもを育てる母親としての日々を過ごしていました。

第一子の長女の子育ては、初めてのことだけに、すべてに一生懸命でした。気に入った生地を買ってきては、ミシンを使って洋服を作り、絵本も毎晩寝かしつけのときに必ず読みました。『ぐりとぐら』は、何度読んだかわかりません。

料理はもちろん、お菓子もずいぶん手作りしました。当時は、アメリカのお母さんが焼くようなカントリーケーキや焼き菓子が流行っていた

子どもたちのために定期購読していた絵本を並べた本棚。

時代。レシピが紹介されている雑誌や料理本を買って、料理番組を見て、いろいろなお菓子を片っぱしから作っていました。上手に焼けるようになるまで、スポンジケーキを繰り返し焼いたことは私自身も多分子どもたちも覚えています。わが家の定番アップルパイも、この時代に私オリジナルの味を完成させました。

気になると、突き詰めたくなる性格です。

だから、種をまき、植物苗を作り、販売する園芸店を始めたら、植物のこと、庭のことをもっと知りたくなりました。そして、植物や庭に関することで、私ができることに全力で取り組みたい気持ちが止まらなくなったのです。

仕事が忙しくなり、私ひとりでは家のことが十分にできないようになってからは、夫がいつの間にか洗濯、掃除、買いものをしてくれるようになり、それは今も続いています。

最低限の家事しかできなかった生活を25年続けましたが、還暦を迎えた頃、気力体力の限界を実感するようになります。

仕事を見直し、自分のための時間を持つのは今しかないと考え、ギアチェンジしたのが２０２０年。自分の庭や家のこと、持っている仕事にじっくり向き合うことを決めました。

仕事に没頭していた期間にできなくなったことはたくさんありました。だから、今、それを、自分のやりたいように思いっきりできるのが楽しくて仕方がありません。主婦業空白の25年間を埋めるように、庭づくりや家の中のことをやっていると、1日24時間があっという間です。

ＫｕｒｏのＹｏｕＴｕｂｅチャンネル『北国の暮らし』では、私が家や庭で絶え間なく動き回っている様子が公開されていますが、カメラが回っていないときでも同じです。動画を視聴した方からも「いつ休んでいるのですか?」と質問コメントをいただきますが、あれもこれもやりたいから仕方がない。仕事をしていても、家のことをしていても、結局アクティブに真剣に動く性分です。

母は消費者ではなく、生産者です。子ども服を作ることに夢中になったときは、ミシンの前でずっと服を作っていたし、ケーキ作りに凝って、来る日も来る日もケーキを食べた時期もありました。母自身は主婦だと言いますが、私から見たら、主婦というのは仮の姿で、実際は実験大好きな職人です。「おしゃれな暮らしをしたい」なんてこれっぽっちも思ってなくて、「自分で作ってみたい」という好奇心だけで動いています。それは、園芸の仕事でも、料理を作ることでも、自宅の庭を作っていくことでも、同じ。「作ってみたい」「やってみたい」、それだけなんです。

お母さんは生産者。
家のことも
仕事も全部、
研究・実験なんだよね

姉より

手の届くものを愛する、活かす

ＹｏｕＴｕｂｅで公開している私の調理する様子や完成した料理を見て「丁寧に暮らしていることに憧れます」などと言ってくださいますが、昔からやってきたことばかりです。凝った料理でもありません。

冷蔵庫や冷凍庫にあるもので料理するのが得意な主婦料理家です。予想以上に好意的に受けとめられているので、戸惑いの方が大きいです。

私の暮らしは特段、丁寧な暮らしを意識してきたものではありません。そもそも私が暮らす田舎町には外食できる飲食店が、ごくわずかしかなく、食べたいなら自分で作るしかなかったのです。そんな事情から、手に入るもので作るというのが私の原点になりました。

結婚生活をスタートさせた40年以上前は、町の人口は今の2倍でした。町内には複数の食料品店があり、その頃は店舗の規模も大きく今より選ぶ余地があったと思います。私の料理の腕も未熟で、作る料理は一般的なものに限られていたので、調味料も一般的なもので事足りていました。

『大草原の小さな家』シリーズは
愛読書です。

けれども、人口減少で食料品店は2軒に減りました。調味料の取り扱いも一般的なものだけで、アジア料理やスパイスカレーに必要な香辛料もありません。都市に住む友だちや妹からは「こんなに食材、少ないんだ」と驚かれたこともありました。

意外かもしれませんが、田舎暮らしに少々コンプレックスを感じていました。でも、「ないなら作ろう。イチから作るのは自分らしい」とも捉えていました。考え方を切り替えることで自分を納得させていたのだと思います。主婦歴40年以上を経て、料理の腕も上がり、蓄積してきた経験や工夫が拠り所にもなりました。

開拓時代のアメリカ西部で生きた家族の物語『大草原の小さな家』は、ドラマを見て大好きになり、本も読みました。主人公の少女・ローラやその家族が、厳しい自然や貧しさの中でも食事や娯楽などに工夫を凝ら

調味料は独自の審美眼で選んでいます。

塩は料理に合わせて使い分け。

して生きていく姿に、ないものを作り出すのはすばらしいと思ったものです。彼らの心豊かに暮らしている姿からずいぶん影響を受けました。

北海道の小さな町で子どもを育て、料理を作る私を重ね合わせていた部分もあると思います。

長い主婦料理家の歴史のなかで料理の腕も上げていき、フーコックのヌクマム、アルベルトさんのオリーブオイル、ゲランドの塩などこれでなくては、という調味料との出会いもありました。それらはインターネットを活用し、取り寄せていますが、醤油や料理酒、みりん、砂糖などの調味料は、地元で買えるものを選ぶことにしています。

購入するときは裏面の食品表示をしっかり見ます。できるだけ保存料や添加物が入っていないものを選びますが、原料の産地もチェックします。例えば、醤油なら、原料の大豆は国産であることが望ましくて、北海道産大豆を使っているものがあれば、そちらを選びます。私の購入は

カンボジア産の粒胡椒「カンポット」はベトナムで買ったミルで挽きます。

微々たるものですが、生産者さんを支えることにつながればいいなぁ、と思って選んでいます。

それから、価格も重視します。調味料が大量に必要だった子育て時代は安い価格のものを選んでいました。でも今は、夫婦ふたり暮らし。考え方が変わって高い価格の商品を選ぶようになりました。価格の分だけ、原料素材や製造へのこだわりがあるような気がします。

調味料は地味な存在だけど、料理の仕上がりを左右するもの。しかも料理のたびに使います。全国、全世界の調味料を揃えたい気持ちはありますが、毎日の料理に使う基本調味料は限られています。

この地で育った新鮮な野菜と手に入れやすい調味料、取り寄せている好みの調味料。田舎にいても研究し続け、これらで完成させることができる料理を、私は作り続けてきただけです。

昆布はスピード勝負の調理に大活躍

銅製やかんは新婚のときから40年以上愛用。

料理を作り続けると自分にとって必須のものは出てくると思います。40年以上料理を作ってきた私が欠かせないものは、全部で13点。

・水だし　・昆布酢　・甘酒　・醬油麹　・アルベルトさんのオリーブオイル　・フーコックのヌクマム　・ゲランドの塩　・カレーの素　・自家製味噌　・自家製めんつゆ　・にんにくペースト　・ゆで豆ミックス　・トマトの瓶詰め

仕事が忙しく、子どもが食べ盛りだった頃は、どんどん料理を作って食卓に出していかないと、子どもたちの食欲に追いつきませんでした。当時は朝6合、夜4合の米を炊いていました。多くの品数を段取り良く作れるようになったのは、あの時代にスピードが磨かれたからでしょう。

水だしもそうやって編み出した技のひとつです。食事を作るたびに、だしを取っていると時短にならないので、今では私の定番になりました。作るのも簡単で、液体がたっぷり入るタイプ（2ℓサイズ）の食品保存

料理によって使い分ける
昆布コレクション。

容器に昆布といりことかつお節を入れて、水を注ぐだけ。これを冷蔵庫に入れておけば、勝手にだしになってくれます。お味噌汁や煮物など、どんな料理にも使えるから、切らせません。

昆布は仕事先でもある産地の稚内に行ったときに購入してきます。昆布が大事だ、欠かせないという話を自身のSNSでつぶやいていたら、各産地出身の友だちから良い昆布が届くようになりました。今では産地ごとの特性を生かして使い分けることもできるようになりました。手元には3年分くらいの昆布があります。

いりこは、大分の友人に教えてもらいました。小ぶりだけど身がしっかりしていて、いいだしが出るからこれ一択です。教科書や料理本などには「だしを取るときは頭と腹を取りましょう」と書いてありますが、なかなかできません。とりあえずまるごと入れることが多いです。だしを取った後のいりこは、煮物や佃煮などにして、無駄にせず、使い切ります。カルシウムも摂れるからいいこと尽くしかと思います。

水だしで使ういりこを
調理中につまみ食い。

昆布は、水だし以外にも重宝します。わが家の定番は昆布酢。酢に昆布を浸けると、豊かな味わいになるんです。常温で保存できるので、キッチンコンロの脇に置いています。昆布酢に砂糖と本みりんを加え、煮立たせた昆布甘酢は、すし飯の調味にも使えます。

毎日作る水だしは、昆布の量も適当で、いりこもかつお節もひとつかみという具合に大ざっぱですが、昆布甘酢など自家製調味料を作るときは計量もします。酢や砂糖、本みりんを使う量を雑にすると、結局味が決まらないことが多々あります。大ざっぱな私でも「やるべきことは手を抜かず、丁寧に」と心がけている場面もあるのです。

めんつゆも、わが家は手作りです。わが家定番の味噌や梅干しの作り方を教えてもらった料理上手の叔母から伝授されました。醬油、本みりんに昆布やいりこ、かつお節、干ししいたけを加えて煮立たせるだけ。水を使わないので、長持ちします。こちらも食品保存容器に入れてほっ

水だし後の昆布は適当に切って冷凍保存。

たらかしです。そばやそうめんを食べる際はお好みの量の水や水だしで薄めるだけ。水だしも昆布酢もめんつゆも、簡単に作ることができるので、ぜひ試してみてください。味に深みがあるので、一度作ったら、繰り返し作りたくなると思います。

さて、使い終わった昆布はどうしましょう？　私は、キッチンばさみで適当な大きさに切って、チャック付きポリ袋に入れて冷凍庫へ放り込んでいます。袋いっぱいに溜《た》まったら、佃煮を作って、ごはんの友にしたり、おにぎりに入れたり、最後までおいしくいただきます。冷凍庫に昆布が溜まってくると「あともう少し」とワクワクするなんて、家族の誰も共感していませんが……。

でも、ささいな楽しみがあると、日常が豊かになります。しかも、食べものを無駄にしていない。自然の恵みをきちんと活用できていることを嬉しく思います。

まとめて作って大量ストックが日々の料理にお役立ち

仕事が多忙になると、何を作ろうか考える気力も体力もなくなります。いくら料理好きの私でも作りたくない日があります。そんなときはコンビニで食べるものを調達。ビールもあれば、満足な私です。

でも、そんな食生活は続けられません。やっぱり家ごはんが食べたくなります。だから、「途中まで下ごしらえ」をしておくのです。朝食後が下ごしらえ時間。野菜はカットする、茹でる、塩をする、あるいは甘酢に漬けるなどして冷蔵庫へ。肉や魚も買ってきたら、軽く味をつけておきます。帰宅後にすぐ食べられる「途中まで下ごしらえ」には、何度も救われてきました。もちろん、これからも助けてもらうつもりです。

料理を大量に作り、小分けにするのもいつものこと。わが家の定番カレーは、「カレーの素」と名付けた味付けなしのものを1回分ずつ分けて冷凍します。野菜だけで作っているので、ある意味ビーガン料理。こ

瓶詰め前には保存瓶を煮沸消毒。

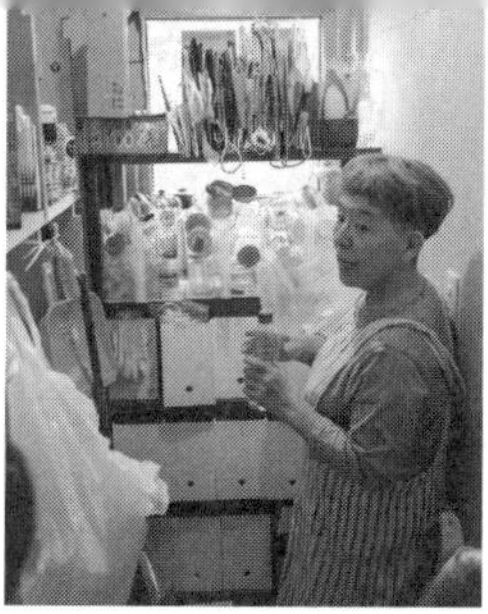

キッチン裏の収納空間で
瓶などをストック。

れをベースに肉を入れたり、タイ風にしたりします。来客時は食べる人の好みを考え、味変させて登場しています。これがあるから、多くの来客も受け入れＯＫというわけです。

ちらし寿司の具材も、味付け後に冷凍保存しています。当日はごはんを炊いている間に錦糸卵、きゅうり、にんじん他の材料を刻んで用意するだけです。炊きあがったごはんに、具材と昆布甘酢をさっと混ぜるだけ。「わが家のすし太郎」と呼んで、長年愛用しています。

「途中まで下ごしらえ」や「大量に作って小分け」のストックとは別に、長年やっているのが保存食作りです。旬の素材は時期が来ると大量に出回ります。旬が終わっても食べられるように、素材のおいしさを閉じ込めたい気持ちもありますが、保存食を作る場合は、時短調理できることを意識しています。

ＹｏｕＴｕｂｅの動画で、にんにくのペーストや粗みじん切りを作っ

トマトの瓶詰めは常温で
1年以上保管できます。

ていますが、これらは冷凍庫で保存して、必要なときに出して使います。いろいろな料理に使えるので、旬の秋になると、周辺の産地で大量のにんにくを購入し、1年分のストックを作るのが恒例行事です。

トマトの時期のお楽しみと言えば、トマトハウスで育てたトマトで作る瓶詰め！　わが家の庭で栽培するサンマルツァーノやフィオレンティーノは、あまり流通していない珍しいトマト。イタリア料理に合う品種で、パスタソースを作ったら絶品なのです。瓶詰めは、収穫したトマトの品種や量、状態を見て、加工方法を変えて、作り分けています。

瓶詰めの場合、脱気を完璧に行ったら、常温で1年以上保管できます。パスタ好きの夫が、「今日はトマトソースのパスタが食べたい」と言ったときもコレがあれば、慌てず、簡単に作れます。

ゆで豆ミックスは冬に必ず作る保存食です。仕事をしていく中、多く

カゴに集めた豆は、
家にこもる冬に茹でます。

の料理好きの方や先生に出会い、豆料理を教えてもらいました。厳しい気候の北海道ではお米を満足に食べられない時代もあり、豆を食べて生き延びたことも聞いています。豆にまつわる話の数々が、私の豆への愛を強くしたのでしょう。行く先々で豆を買い集めるのは、今や私のライフワークのひとつになっています。貴重な豆に出会ったら、迷うことなく買うことも決めています。そうやって春から秋の間に集めた豆をカゴに入れていますが、冬のはじめにはあふれています。時間のたっぷりある冬、1日以上の時間を費やして茹でていくのです。茹で終わったら、好きな豆をミックスして冷凍保存し、使うときに解凍して調理します。

一度に大量に作るから時間も手間もかかるけど、それらをいろいろな料理で活用できるから保存食作りはやめられません。何よりもおいしいし、豊かな食生活になるのでいつでも作りたい気持ちが湧き上がります。

忙しくて
まっさきに
手ばなした
味噌作りと
梅しごと

仕事が忙しくなるにつれ、できなくなっていったのが家しごとです。植物の苗などを販売する園芸店は町内にありましたが、庭を作る造園工事や庭管理をするガーデナーの仕事では、北海道内のさまざまなエリアに出向くようになりました。早朝に家を出る日が続いたり、泊まりの出張も増えたりして、じっくり腰を据えた家事は「今の私の状況ではできないな」と思うようになりました。

最初にあきらめたのが味噌作りです。

私にとって、わが家の味噌は特別な存在。私の祖父母の時代は、ほぼ自給自足で、味噌も自家製でした。今、私が作る味噌はその時代に育った叔母から伝授されたものです。叔母の味噌は低塩で、昔の味そのままではありません。でも、受け継ぐ心は変わらないと思っています。

ＹｏｕＴｕｂｅでも披露していますが、味噌作りは手間ひまがかかります。大豆を一晩水に浸けて、翌日に仕込まなくてはなりません。仕込

大量に仕込んだ味噌を
大きな容器で発酵中。

み後も、カビが発生しないように、ずっと世話して育てる発酵食品です。私の都合に合わせてくれないので、仕事で北海道内を駆けずり回っている身では、味噌は作ることができないと思いました。

味噌はどこでも簡単に手に入るものだから、私が味噌を作らなくなっても困ることはありません。

でも、子どもたちを私の作る味噌で育ててきたので、「もう作れない、作らない」と決めたときは、自分ひとりで残念な気持ちになってしまいました。

長い間、封印してきた味噌作りを再開したのはここ数年です。

一度に大量に作るので、大きな鍋やざるを用意します。ずっとキッチンに立って動き回るから、実は結構体力を使います。でも、粒状だった大豆が自分の手で少しずつ味噌に近づいていくプロセスが楽しいんです。

孫たちは、私が作る味噌が大好きで、最近はいっしょに作ります。孫の家は冬暖かすぎて、味噌を保管する場所がなく、わが家に置いてあります。味噌がなくなると容器を片手にやってきます。かわいい声で「ミソくださーーい」と言って。大きな容器から持参した容器に移しますが、味噌のついたヘラをペロペロ舐《な》めるのが恒例。

家族の味が世代を超えて受け継がれていくんだなぁと感じています。

冬に手ばなしたのが味噌作りなら、夏は梅干し作りをあきらめました。梅干し作りを教えてくれたのも叔母でした。

北海道の梅干し作りは、本州とはちょっと段取りが異なります。本州では6月に作ることが多いと思いますが、そもそも北海道はしその収穫時期と梅の出回る時期や干す時期のタイミングをピタッと合わせるのがなかなか難しいんです。赤しその旬を待っていると、土用干しに適さない秋の気温となってしまうというパターンが多いのです。

赤しそ漬けの梅干しはラミジップ®に封入します。

梅を手に入れたら、梅の状態を1個ずつチェックして、梅漬けを作るまでは本州の作り方と同じですが、天気を見て土用干しをする→赤しそが出回ったら赤しそを入れるという順番で、私は作っています。

味噌作りと同じく、手間がかかるので、仕事をたくさん抱えていた頃は梅干しを作ることさえ忘れていました。

梅干し作りの復活は、仕事のスタイルを変えた2020年からです。

味噌も梅干しも作るのは手間ひまかかりますが、家族みんなが心待ちにしてくれています。子どもたちはそれぞれの自宅に持ち帰って、「わが家の味」を堪能しているようです。

私自身も味わうたび、「おいしいなぁ！」と幸せな気分に浸っています。自分で作ると愛着も増すし、何より安心です。

家しごとに打ち込める時間を取り戻せて、良かったと感じる瞬間です。

キッチンは家の中でいちばん好きな場所

ＹｏｕＴｕｂｅに、ひんぱんに登場するキッチンとは、本当にいい出会いだったと自信を持って断言できます。10年前、家のリフォームで迎え入れました。長女と三男のＫｕｒｏといっしょにショールームに見に行って、木製、イタヤカエデの鏡面仕上げ、オレンジのカラーに惹《ひ》かれました。引き出しのレールのスムーズな動きにも感激しました。

ただ、車1台買えるぐらいの価格でしたので、即決はできませんでした。ショールームに置いてある他の商品も見て回ったけど、あきらめ切れなくて……。気づいたら、このキッチンの前に戻っていたのです（笑）。「車は約10年でポンコツになるけど、キッチンは20年は使うよね。それなら安い！」と自分に言い聞かせて、夫の留守中に注文。後日、請求書を見た夫は「しょうがない」と言いながら同意してくれました。

でもこれに決めて、本当に良かったです。家では、ほぼこのキッチンの前にいて、もはや私の定位置となっています。

キッチンからの眺めもお気に入りです。家にいるときはカーテンを全

庭の木々を眺めながら
アップルパイ作りの準備。

開にしています。調理中の手を止めて、顔を上げて、庭の緑や花、雪景色を見るのが好きなんです。北海道の冬は厳しく、早く春が来て！　とこの地で暮らす誰もが思うものです。でも、キッチンからの雪景色に、ずっと変わらない北国の冬を感じるんですよね。

大好きなキッチンで使う道具は、いっしょに暮らしている感覚になれたり、歳月を経て少しずつ変化していったりするものを集めたい、使うたびに気分が上がるものたちとの暮らしを楽しんでいきたいという気持ちがますます強くなっています。

というのも、過去に失敗した経験があるから。専業主婦時代、愛用していたハンドミキサーが壊れたときのことです。当時はあまり考えもせず、とりあえず低価格のハンドミキサーを買いました。でも、泡立てるパワーが弱くて、大好きだったお菓子作りの熱も冷めるという結果に……。安もの買いは駄目だなぁと反省しました。この一件で、納得したものに惜しみなくお金を使って、そのものの持つ役割をまっとうさせなくてはいけないと思うようになりました。

これからも、心から良いと思えるものに出会うまでは妥協せずに探し求めるつもりです。そして、気に入ったら大切に大切に愛用したい。そういう出会いが、あといくつあるかなぁと考えています。

Kuro語録

あんなに欲しそうな顔してたら、背中押すしかないでしょ！

キッチンを選びにショールームに行ったときのことはよくおぼえています。母は、ショールームで見た瞬間、これだ！　という顔でした。予算を遥かにオーバーしていたけど、「やっぱりアレがいいな」とずっと繰り返していて……。姉とふたりで「もう買っちゃえば？　買えばいいじゃん。欲しいの買いなよ」。高かったけど、こんなに気に入っているのだから、良い買いものだったと思います。

食材を見て ひらめく 私の料理

庭で収穫した野菜で作ったある日の夕食。

動画を視聴された方から、手際の良さなどを褒めていただくこともありますが、私は小さな町に暮らす料理好きの主婦です。お客さまからお金をいただいて料理を作るプロの料理人とは違い、「私がお金を払ってでも、私の作る料理を食べてもらいたい！」とさえ思っています。

普段、料理を作るときは、冷蔵庫の中にある食材をチェックして、キッチンガーデンで食べ頃の野菜を収穫して、何を作るか決めることが多いです。ひらめき料理です。こんな風に、手早くありあわせで作るのが私の目指すところ。わが家では居酒屋母さんと呼んでいます。

幼い頃から料理は大好きで、食べることはもちろん、作ることにも興味津々でした。当時のわが家は、商店を営んでいて住み込みで働く人もいて、全員の食事を用意するのはまかない担当のお手伝いさんでした。私は何かにつけて、まかないのお手伝いさんのところへ顔を出しました。手際よく料理する姿を見るのは飽きなかったからです。積極的にお手伝

「カレーの素」になる
スパイスなどを常備。

いしていた記憶もあります。お釜の底に残ったごはんのおねばを食べるのも楽しみでした。

そんな環境だったので、幼少期に母の家庭料理を食べたり、母といっしょに台所に立って料理したりした経験はあまりありません。中学生になると親元を離れて札幌で寄宿舎生活をしていたので、成長後もそのような機会をあまり持てませんでした。私も家族を持ち、隣に住むようになってからいろいろ教えてもらいました。

母との料理の思い出と言えば、母が取り寄せていた婦人雑誌『ミセス』です。料理ページには食べたことはもちろん見たこともない料理や調味料が掲載されていて、中学生の私は好奇心をかき立てられました。知らない世界が広がっていて、毎号届くのが楽しみでした。

料理本を眺めるのは、今でも好きで何冊も持っているけど、本で紹介されているレシピにはこだわりすぎません。食材も調味料も全部レシピ通りに用意できないこともあるので、そこは臨機応変に。私自身が作りやすいように代用品を使うなどアレンジしています。

ずいぶん長いこと料理を作ってきましたが、やっぱり、食べた人に「おいしい」と言われるのが何よりも嬉しいです。家族には「実験に付き合わされている」なんて揶揄《やゆ》されますが、おいしくなったと自分が納得できるまで作りまくるのが私の楽しみです。

Kuro語録

ひらめきはいいけど、メモも取って！お母さんの味、受け継がれるようにしようよ

母は、ずっとキッチンで何かを調理している印象。和洋中にエスニック、と何でも作るし、おいしいけど、いちばんの好物はコロッケです。すぐ上の兄は、このコロッケが好きすぎて、母から作り方を教えてもらったほどです。姉はアップルパイが好きだと言うけど、わが家の男性陣はみんな、コロッケを母の料理ナンバーワンとしています。

ＹｏｕＴｕｂｅ動画を撮影するようになって、びっくりしたのが調理しながら、いろいろな素材を足して、自分のオリジナルの味にしていくことでした。しかも、使った素材や調味料をメモしないという大ざっぱぶり！　びっくりするぐらい、おいしくできたタイカレーも偶然の産物だから、もう二度と食べられません。「どうしてメモしないの？」と言ったけど、それもまた母らしいかなと思います。でも、おいしいものは繰り返し食べたいから、これからはメモを心がけて欲しいです。

中毒性があるんだよね、お母さんのコロッケ

長兄より

帰省したときは、必ず夕食にコロッケをリクエストします。スパイスが効いていて味が複雑で、何個でも食べられます（笑）。スイーツは断トツでアップルパイ！　たくさんのりんごと、厚みのあるサクサクパイ生地の組み合わせがとてもおいしいです。

おいしいを求めて、道具にもこだわる

料理で使う道具はお手入れも念入りに。

たかが道具だけど、キッチンで使うものにはこだわっています。キッチンツールでいちばん重視しているのは、使い勝手の良さ。

例えば、菜箸やトング、キッチンばさみは持つ手になじむかどうか、食材を触る部分が動かしやすいかどうかをチェックします。愛用の菜箸は、和食のプロが使う盛り付け箸。先端の細いこの箸を使うようになって、他の菜箸は使えなくなりました。微妙な角度を調整できるので、おいしそうな盛り付けができるのです。

食材に合わせて使い分けているのは、複数枚持っているまな板です。包丁の当たりがまったく違うので、木製であることにこだわっています。

母との料理の思い出はあまりありませんが、うつらうつらしている朝に聞こえてくるトントントンと食材を刻むまな板の音は幸せの音でした。プラスチックでは出せない音だと思うのです。

木製まな板をカビさせないコツは、六面を乾いた布巾でしっかり拭き

愛して止まないキッチンツールたち。

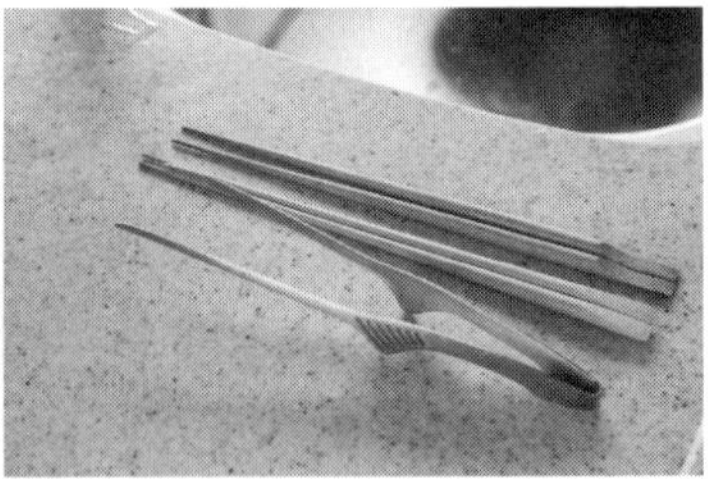

これじゃなきゃというものを愛用しています。

取ることだと、料理研究家・有元葉子さんの本から学びました。拭き取ったまな板は窓際で立てかけて並べているので、窓際はまな板コレクションコーナーになっています。

まな板などを拭く際に使う布巾は、日東紡の『新しいふきん®』です。ズボラな私ですが、調理中のキッチンは整理整頓を心がけています。使い終わったらすぐ洗う、カゴに入れる、合間を見て拭く、片付ける、という一連の動作こそ、すばやく料理を作るコツ。そのときに活躍するこの布巾は水分をしっかり吸収してくれて、大きなボウルなどを拭くにもちょうど良いサイズ。折りたたんで、まな板や包丁に付いた汚れをサッと拭くのにも使っています。調理中は複数枚使うのがいつものこと。ずっと愛用しているので、まとめ買いしています。

料理をおいしくするためには鮮度を保つことも忘れてはいけないでしょう。肉や魚は『ピチット®』という食品用脱水シートをよく使います。

おいしさを保つアイテムにもこだわります。

夫からプレゼントして
もらったずんどう鍋と。

このシートで挟むと、ドリップが出ないのです。

YouTube動画では保存食のストック作りを紹介していますが、ここで登場するキッチンアイテムも選びぬいたものばかりです。ゆで豆ミックスや「カレーの素」、スープなどの冷凍保存、梅干しの保存などに活躍するのが『ラミジップ®』というプラスチックの保存袋です。丈夫で液もれせず、底にマチがあるので安定性もあります。冷凍焼けもしにくいため、長期冷凍に多用します。

鍋もたくさん持っていて、料理ごとに使い分けています。

特に、ずんどう鍋には思い入れがたっぷりあります。かれこれ40年以上使っていますが、夫から初めてもらったプレゼントです。「何が欲しい？」と聞かれて、間髪入れず「ずんどう鍋！」と答えました。当時、学生でしたが、カレーを作ることに凝っていたのです。夫はもっと違うものを贈ることをイメージしていたと思うのですが、大量に作れるずんどう鍋がどうしても欲しかったのでした。

　これまで数え切れないほどの料理を作り、さまざまな道具を用いてきました。私にとって、キッチンで使う道具は、たかが道具、されど道具以上。大切な相棒のような存在です。

Kuro語録

おいしさを
引き出す
道具の大切さ、
知りました

YouTubeに寄せられるコメントでとても多いのは、動画内で母が使っているキッチンツールに関する質問です。正直なところ、僕にとってはあまり関心がない分野なのですが、母とのやり取りを通じて、道具がいかに料理のおいしさを左右するかということがだんだんとわかってきました。

あるとき、母が作るブロッコリーの蒸し焼きを再現したく、自宅でトライしました。しかし、何かが違います。疑問に思って、おいしく仕上げるコツを聞いたら「ストウブ鍋で蒸し焼きする」との答えでした。おいしさを引き出すために調理道具はとても大事。母とのやり取りや視聴者の方からのコメントで気づいたことです。

料理と器はつながっている

子どもたちといっしょに暮らしていた頃のわが家では、完成した料理は大皿にドンと盛り付けるスタイルでした。

今は夫とふたり暮らしなので大皿ではなく銘々皿に最初からひとりずつを盛り付けます。銘々皿にすることにより、今さらながら夫の好き嫌いが明確になり驚きました。主婦業空白の25年間、夫のことは何も見ていなかった自分を反省もしました。以前はあんなに食べたのに、年齢を重ねると食が細り、好みも変わってくるのだと実感しています。

家族やお客さまなど大勢で集まったときは、好きに食べてもらいたいので、昔のように大皿に盛って、自由に取り分けてもらいます。

料理と器は深いつながりがある、と私は思っています。調理中から「どの器にしようか」と考えるのも楽しみのひとつです。大皿をはじめ、器はたくさん持っています。整理して、使うものと処分するものを分けたものの、結局処分できず、食器棚に戻したこともありました。

お皿に盛り付けるまでが
料理だと思います。

マグカップやティーカップを集めるのも好きです。来客時は同じもので揃えて出すこともありますが、お客さまに好きなカップを選んでもらうことも。ちょっとしたイベントのように盛り上がれます。カップ選びをきっかけに、会話がはずむこともあるのではないでしょうか。

器は昔から大好きです。普段のショッピングで買うこともあるけど、旅先でお気に入りに出会ったら、買うことにしています。

鳥取の窯元で買ったお皿や台湾のティーポット、ベトナムのバッチャン焼きの食器、夫と四国を旅したときに見つけた砥部焼のお茶碗など行く先々で買ったものを見たり、使ったりするたびに、お店での会話を思い出します。出会ったお店のことだけではなく、食べたものや見たものなど、旅そのものの記憶が料理を盛り付けるたびによみがえってきます。好きなものを買うことで旅の思い出が具体的になるって素敵なことです。

食器ひとつひとつに思い出があります。

買わなかった器もあります。予想より高価でそのときは我慢することに。でも買わなかった場合、帰ってきてから後悔することが多いです。そういうものは、次にその土地やお店に行ったら買おうと頭の中のリストに入れてあります。好きなものとの出会いは一期一会。今のミニマムな流れに反しているかもしれませんが、好きなものだけに囲まれたいという考えは、母と同じだと最近気がつきました。

子どもたちからの贈りものの重箱は忘れられないもののひとつです。Ｋｕｒｏの大学卒業を目前に控えた年末のことでした。子どもたち４人が私たち夫婦の育児が終わることをねぎらう「今までありがとうの会」をサプライズで催してくれて、そのときのプレゼントでした。子どもたちで相談して選んだと聞きました。そういう会を計画してくれたことに感動すると同時に、子ども４人を育て上げられた！　仕送りも終わりだ！　というホッとした気持ちがあふれて、大泣きしてしまいました。

Kuro語録

食器多すぎ？と思うのは僕だけじゃないはず

私自身が選んだものにしろ、贈られたものにしろ、器を見たら料理したい気持ちが刺激されます。おいしそうに見えるか、見えないかを決めるので、料理を盛り付ける器選びは大事です。器を選んで、おいしそうに盛り付ける、そこまでが料理だと思います。

家族でちょっとしたイベントをするときは、いつも姉が率先して実行してくれます。プレゼントの重箱も、「お母さんが喜ぶはず」と選んでくれました。

それにしても、わが家は食器が多すぎると思います。食器整理の様子を撮影したときはいろんな棚から食器が出てきてこんなにあったのか、とびっくりしました。全部に思い入れがあるから、使う人に譲ったり、処分したりが難しいのはわからないでもないですが、やっぱり、「お母さん、食器多いです」と言いたいです。

使い勝手が良く、
おしゃれ。
カゴと
いっしょに
どこまでも

少しずつ買い集めたカゴは
庭やキッチンで大活躍。

私は、かなりのカゴ好きです。良いカゴに出会うと、手元に置きたくなるのは若いときからで、東京で暮らしていた学生時代は、貧乏にもかかわらず手仕事のカゴを買い求めました。特に職人さんが作った生活のためのカゴやその地で採れる自然素材で作られたカゴに惹かれます。

買い集めたカゴは、庭で収穫した野菜を入れるなど動画にも登場しています。それ以外にも、ランチを入れたり、買いものに持って行ったり。園芸道具を入れることもあります。

独特のデザインとカラーのベトナムのプラスチックバンドのカゴ（プラカゴ）は、現地を旅しているときに出会い、見た瞬間、気に入りました。自分の経営する園芸店でも販売しましたが、大人気で毎回すぐに完売。トータルで500個は販売したと思います。

普段バッグとして持ち歩くのもこのプラカゴです。仕事のときもカゴにあらゆるものを入れて車に積み込んでいますし、1泊旅行なら、プラカゴひとつで出かけます。飛行機の機内持ち込みもプラカゴ。海外旅行もスーツケースとプラカゴで出かけました。

エコバッグであり、おしゃれバッグであり、旅行用かばんであり、収穫用バッグであり、とマルチに使えるのがカゴの魅力だと思います。

おまけに手仕事のあたたかみや使い込んだゆえの味わいも出てきます。私のカゴ愛は止まることはないと思います。

芸術への愛はあるけど、お母さん自身は商売人

姉より

母は、工芸品や生活に根づいた職人もの作家ものが好きです。カゴや食器、料理道具、それから園芸用スコップにエプロン、そういうものに惹かれているようです。でも、母自身の能力は芸術ではなく、商売にあると思います。商家に生まれ、それがプラカゴの大量購入や販売という形で現れたのでしょう。

やるなら
とことん追求、
やらないことは
すっぱり断念

多分、すごい凝り性です。興味が出たら、どこまでも追求したくなるのは昔から変わりません。

専業主婦時代、カントリーブームがやってきて、私の周りにもドライフラワーが大流行しました。私の町は切り花生産の町だったので、ドライ用の花が手に入りやすく、友だちとクラフト作品をたくさん作りました。子どもたちは、ドライフラワーの屑とお菓子の粉などが入り混じったところで遊んでいたのを思い出します。消毒必須の今のお母さんたちには考えられないかもしれません（笑）。そのうちあちこちのグループに呼ばれて、講習会をするようになりました。クリスマス前にママ友制作のカントリー雑貨を集めてバザーをしたときは、私のドライフラワー作品が驚くほどの売り上げを達成しました。30年以上前のことですが、この経験は店を始める原点のような気もします。

夢中になるものがある一方で、断念したこと、先延ばしにしたことも いっぱいあります。

わが家をリフォームした10年ほど前から、リビングに薪ストーブを置きたいとずっと考えていますが、実現に至っていないのは先延ばし案件の最たるものです。寝室のカーテンも何年もほったらかしで、窓にちょうど合うサイズの布をぶら下げてやり過ごしていました。お気に入りの布を手に入れて、手製のカーテンを取り付けたのはつい最近です。

時間は限られているし、私はひとりしかいません。全部やりたい、全部やるのは難しいと思うから、やりたいことにはグッと集中し、やらないと決めたらすっぱりあきらめる。ときには、取捨選択が大事です。

いい1日は朝で決まる

水だしでのお味噌汁作りは朝のルーティンのひとつ。

わが家の朝はとても早いです。夫は仕事のために、3月から12月までは朝6時に家を出るので、5時からのごはん支度は固定です。朝食はほぼ和食です。ごはんを鍋で炊きながら、お味噌汁やおかずを作ります。ここで活躍するのが水だし！　水だしを沸かし、お味噌汁の具を鍋に入れ、火が通ったら、味噌を溶くだけ。だし取りから始めるわけではないので、難なくお味噌汁が作れます。この便利さを知っているから、水だしを作り続けているのです。

私の1日のスタートに、朝風呂は欠かせません。早起きしたときはごはん支度の前に、時間がない日は夫の出勤後がお風呂タイムです。わが家は、夫も今は離れて暮らす子どもたちも朝風呂派。子どもたちもみないつの間にか朝に入浴するようになっていました。私は朝晩2回入浴します。夜は1日の疲れを取るため、朝は体と頭を目覚めさせるための必須タイムとなっています。お風呂の浴槽は、ストウブ鍋と同じ素材の鋳物ホーロー。保温性が高いので、夜、湯を入れたら、朝まで温度が保たれます（朝は熱い湯を少し足しますが）。朝も夜もびっくりするくらいの熱いお湯が好み。熱いお湯にざぶんと浸かると、からだが芯からあたたまります。「よし、1日を頑張ろう！」と気持ちがシャンとしますし、何よりも気持ちいい！　健康にもいいと思っています。

わが家は、朝、最後に入浴した人が風呂掃除をするのがルールです。このタイミングでやっておくのが風呂掃除が面倒にならないコツです。やるべきことは先延ばしにせず、すぐやる。ついでにサッと済ましてしまうのは、機嫌良く過ごすためのコツだと自分に言い聞かせています。

庭しごとがオフの冬の季節は、1日中動き回るガーデンシーズンと比べると、運動不足が顕著です。朝風呂後、ＹｏｕＴｕｂｅを参考にヨガをして、からだを目覚めさせます。若い頃は起きてすぐに動けましたが、今は朝の動きが1日を左右するのがわかってきました。

ガーデンシーズンになると、仕事の都合で連日出かけることもあれば、何日も出かけないこともあり、朝の行動は、その日によって変わります。園芸店時代から20年近く書き続けているブログは、1年中欠かさない朝のルーティンです。

子育てと仕事を同時進行している頃は、もっとすさまじい勢いで朝を過ごしていました。朝ごはんを作りながら、仕事から帰ってきたらすぐ食事できるように夕食のためのおかずをたくさん作って出かける「朝どっかりスタイル」を始めたのも子育て中です。

このスタイルは、3人の子どもがいる農家の友だちの家がモデルでした。友だち夫婦は早朝から遅くまでずっと仕事しっぱなし。いつごはんを作っているのかを聞いたら「朝一升の米を炊いて、適当なおかずを作って置いておくと、それなりに食べて後片付けまでやってある」との答え。すばらしいアイデア！　と、ここからヒントをもらったのです。

さまざまな工夫やアイデアを取り入れながら、目の回るような忙しい朝を、私も家族も25年以上、頑張って乗り越えてきました。

朝からエネルギッシュに動いていますが、寝る直前までこの調子です。昼寝をしたら良いのかもしれないけど、それもできないタイプ。一度スイッチが入ると、動き続ける私です。でも最近は、途中でエネルギーが切れることもしばしば出てきました。

朝、仕事を始める前にどれだけのことをできるかが、その日の充実度を左右している気がします。

いい1日の始まりは、朝の過ごし方にあり。

たくさんの忙しい朝を経験してわかったことです。

好きな食べものがからだにいいものだった！

おいしいから飲み続けている自家製甘酒。

普段の食生活が、健康につながっているような気がします。

ここ3～4年、続けているのが米麹《こめこうじ》と米で作る甘酒です。朝は、この自家製甘酒に豆乳、ヨーグルト、冷凍ブルーベリーや柑橘系ペーストなどをブレンドしたスムージーを飲むことにしています。甘酒とヨーグルトで発酵食品をW摂取しているのが良いような気がします。

甘酒は「飲む点滴」と言われているのは知っていました。でも、甘酒を作り始めたのは発酵食品が気になるという私の好奇心からです。これを毎朝続けているから健康なのかどうかはよくわかりません。ふと気づいたら、健康に良いことをしていた、という感じです。

わが家の定番トマトカレーも健康に関係しているかもしれません。カレーを作るようになったのは、東京の短大に進学した頃です。母の持っていた雑誌『ミセス』に掲載されていたホルトハウス房子さんのレシピを参考に作ってみました。

素材の旨みを凝縮させた
「カレーの素」は冷凍保存。

それが進化したのが今のトマトカレー。いわば45年の研究結果です。香味野菜と夏に大量に収穫するトマトを煮込み、それをピュレ状にしたものを、私は「カレーの素」と呼んでいます。これに香辛料と塩を加えることで、スタンダードなトマトカレーになります。食べる人のリクエストに応じて、肉や豆を加えたり、スパイスの種類を替えたりと自由自在にレシピを調整できます。

友だちが来たときは、このカレーを振る舞います。経営していた園芸店に併設していたカフェでも人気メニューでした。ほぼ野菜でできているこのカレーは栄養バランスがすばらしく、翌朝のトイレが楽しみになる腸活料理です。つまり「カレーの素」は健康の素なのです。

私が続けていることは健康作りを入り口に始めたことではありません。作りたくなったから、おいしいから、がスタート。今も続けていることが結果的に健康なからだを作ってくれています。

こまめな節電で電気代は月３０００円台！

お米をガスで炊くと、より一層おいしく感じます。

電気の使用量が少ない6月のわが家の電気代は、３０００円前後と話すと、ほとんどの人が驚きます。
最近は北海道でも、夏はエアコンを使う家庭が増えましたが、わが家はエアコンなし！ 家じゅうにあるたくさんの窓から心地いい風が入ってくるのです。さらに、家の周囲を囲む木々たちも、家の温度を下げてくれています。ノンエアコン生活はまだまだ続くと思います。

炊飯器を炊飯のために使うことはなくなりました。夫とふたりの暮らしでごはんを食べる量も減ったので、試しにガスで炊いてみたら驚くほどおいしくて！ 昔、文化鍋で炊いていた味を思い出し、それ以来ガスで炊いています。ＹｏｕＴｕｂｅでストウブ鍋を使っていますが、今はあれが通常モードです。最近、炊き上がったごはんをすぐにお櫃《ひつ》に移すと、さらにおいしくなることがわかり、愛用するようになりました。

夕食はあたたかな
オレンジの灯りの中で。

料理をするときは、手もとの灯りを重視して、キッチンを明るく照らしますが、食事になると照明はテーブルの上だけ。海外のリビングのように間接照明を楽しみたくもありますが、現実主義者で無駄なことを省きたい夫が消して歩くのが目に見えているのであきらめています。

節電は夫の趣味とも言えますが、節電に熱中しすぎた夫がテレビのコンセントを抜いてしまって、ケンカになったことも。楽しみにしていた朝ドラの録画予約が消えて、あのときは本当に腹が立ちました（笑）。

今では、私も節電に慣れました。でも、やりすぎは気持ちに余裕がなくなります。節電はしても、ガス代や水道代に関してはあまり頓着していません。料理するときは心おきなく使いたいし、お風呂だってたっぷりのお湯に浸かりたい、庭しごとでも水はたっぷり使います。

無理のない節電が、地球の温暖化防止にちょっぴり貢献していると思えば、嬉しくなります。

家のことは夫婦で分担。干渉しすぎず、助け合う

「4人も子どもがいて、家事はどうしているのですか？」。仕事をバリバリするようになった頃、よく聞かれました。

専業主婦時代は、育児家事は私が一手に引き受けていました。今でいうワンオペですが、当たりまえのことと考え、疑問も持ちませんでした。

ところが、仕事で忙しくなると、わが家では帰りが一番遅いのが私になり、夫はお好み焼き、餃子、カレーなど簡単なごはんを作るようになりました。また、私よりずっときれい好きな夫は、小まめに掃除も洗濯もします。私が仕事を始めたことがきっかけだった家事分担制は、今も続いているという状態です。

世の中には共通の趣味を楽しむ夫婦もいますが、私も夫もお互いの趣味に興味はありません。「夫婦ふたりで出かける、何かをする」という気持ちにならないところは、幸いふたりで一致しています。

私が庭にいると、庭に出てくることもあるけれど、土いじりに心は動

かないそうです。掃除好きの血が騒ぐのか、草刈りは率先してやりますが、庭エリアは花と草の区別がつかないので、それ以外を刈っています。

忙しくしていた25年間、ふたりが顔を合わせるのは朝ごはんのときだけでした。今は、出かけない日は昼もわが家で食べますし、夜も私が夫の時間に合わせます。以前の会話は仕事の話が中心、ときどき家族のこと。大体私が一方的に話をして終わりでした。今も仕事と家族のことが話題の中心ですが、老年期に入った夫婦の会話はあったり、なかったり、という感じでしょうか。しいて言えば、並べた料理をもっと褒めてもらいたいというのが私の希望です。

ただ、仕事でどうしようもなく煮詰まっているときなどに、パンッと視界が開けるようなことを言ってくれるのはありがたいことです。普段はお互いに自由に好きなことをやっているけど、ここぞというときには支えたり、背中を押したり、そんな形の夫婦です。

生活が楽しいのがいちばん！暮らしを趣味にしたい

「料理や庭しごと以外で趣味はありますか？」と聞かれたら、「暮らしです」と答えます。旅行、美術館巡り、食べ歩きなども好きですが、すべて暮らしに直結するものではありません。それ以外の一般的に趣味と言われているものは、さらっと知っておくくらいの感じです。暮らしに関わること全部が趣味というのがしっくりきます。

仕事になる前は、植物や庭が趣味でした。今は、料理が趣味です。その場のひらめきで作ることも多く、レシピと言ってもメモ程度なので、今後は自分の料理レシピを整理して残していきたいと思っています。

庭で動き回る姿や仕事で忙しくしている様子を見て、家にいられない人だとよく言われる私ですが、家で過ごすのも好きです。

家の中でもゆったり過ごさず、何かと動き回っていますが（笑）。

それもこれも家で過ごす時間をもっと心地よいものにしたいから。ずっと放置していた家の中の整理やＤＩＹなどに本格的に取り組みたいと考えています。この年齢になると、家にも私にも新品は似合わない気がするので、味のあるものを見つけようと思っています。

育児中は暮らしを楽しむ余裕はありませんでした。仕事も忙しすぎました。それはそれで幸せで、充実感に満ちた日々だったのかもしれません。でも、暮らしを楽しんでいなかったことは、残念に思っています。

子育ても終わり、仕事も身軽になって、ようやく暮らしに関わることに時間を費やせるようになってきました。今まで味わえなかった分、これまで以上に暮らしを堪能したいのです。

料理中のなんてことない瞬間すら愛おしく感じたり、ミシンで縫ったものを家のどこかで使ったり、わが家を自分好みにカスタマイズしたり、使うたびに味わい深くなる家具や調度品を置いたり……。

暮らしの全部を趣味にして、日々を楽しく暮らしていけたら幸せです。

story Ⅱ 庭しごと

人生を変えた本との出会い

園芸の道に進むとき、
大きな影響を受けた2冊。

私の現在の肩書きはガーデンデザイナー。また、ガーデン管理をするのでガーデナーでもあります。以前は『コテージガーデン』という生産直販の園芸店を経営しており、植物苗の生産者や寄せ植え教室の講師という肩書きも持っていました。仕事を始める前は、４人の子どもを育てる専業主婦でした。

どうして、私が今の私にたどり着いたのか？　と言うと、花を楽しむ環境が身近にあったから。私の住む町は切り花生産が盛んでしたし、母は高山植物を愛でたり生け花を楽しんだりしていました。

私自身、近所に住む農家の方を農家先生と呼んで、庭で野菜やハーブを育てていました。種をまけば、花の苗が作れるということを教えてくれたのも農家先生です。花や野菜、ハーブを育てることへの興味が高まり、植物に関することは何でもやろうという気持ちになりました。

当時の情報源は、雑誌と本、新聞、テレビなどです。ガーデニングという言葉を流行語大賞になるまで流行らせた雑誌『ＢＩＳＥＳ《ビズ》』は、毎

洋書『コテージガーデン』は
辞書を片手に読みました。

号穴のあくほど読み込みました。ここから得る情報は、一言一句逃さず自分のものにしたかったのです。

その中で胸をときめかせたのが、イギリスのコテージガーデンという園芸スタイルです。自分たちの庭で野菜や花など暮らしに必要な植物を育てることを紹介する記事を読んでいくうちに、「これは私の理想とする庭かもしれない」と興味を持ちました。

同じ頃、イギリスのガーデナー、クリストファー・ロイドの著書『コテージガーデン』を偶然手に入れました。英語で書かれた洋書です。英語は読めないけど、花やベリーがあり、野菜もある庭との暮らしぶりを写真やイラストも交えて紹介する本を見て、「うわぁ、これってなんていいんだろう！　これこそ、私の目指す生活そのもの」と確信。わが家の庭エリアをどうしたら良いか？　と見当が付いていなかった私の中で、目指す先が定まりました。

トマトの品種の多さに驚いたアメリカの種苗カタログ。

アメリカ人の友だちが持ってきてくれた『マーサ・スチュワート ガーデニング』も、私に大きな影響を与えた1冊です。本の中で紹介されている庭に植えられているのは野菜だけ。野菜だけで素敵な庭ができることに衝撃を受けました。レタスだけでもこんなに種類がある！　庭に隣接するキッチンスタジオがある！　都会でも活躍するマーサが土しごとをしている！　田舎で暮らす私には、何もかもが眩《まぶ》しく映りました。

この本の裏表紙にはアメリカの種苗会社やガーデニンググッズの会社のカタログ請求先が掲載されていたので、片っ端からカタログを請求。届いたカタログは、私を魅了しました。苗でしか売っていないと思っていた宿根草の種、見たこともない素敵な一年草の種、びっくりするくらいの品種数の野菜の種！　夢見ていたコテージガーデンのすべての始まりが、そこにありました。

当時はインターネットのない時代。英語の辞書を片手に、清水の舞台から飛び降りる気持ちで、ＦＡＸで種を注文しました。届いた種をまいたら、思ったよりたくさん苗ができ、ひとりでは植え切れないから、町内にチラシを出して自宅の前で売ってみようと考えて実行しました。

店の名前は迷うことなく『コテージガーデン』にしました。１９９５年６月のことでした。

Kuro語録

ガーデンデザイナーになったいきさつ、夢中になるお母さんのパワーに圧倒されるよ

僕がＹｏｕＴｕｂｅ動画を作っているのは、単純に、実家の暮らしや庭づくりが面白いなと思っているからです。母が影響を受けた本や人の名前は何回聞いても覚えられないし、僕自身がその部分に興味を持てないので、ＹｏｕＴｕｂｅでそのことに触れることはありません。でも、英語の本を夢中で読んだことやカタログの種を取り寄せて庭に植えまくったことは、母らしさにあふれていると思います。今もパワフルだけど、当時はもっとパワフルだったこと、想像できます。

夢中になったら、止まらない

園芸店はなんとなく始めた感じです。資本金もおこづかい程度でした。家族に「園芸店をします」と宣言した記憶もありません。

お店経営は初めてでしたが、商家の娘なので、何をすべきかはわかっていました。でも、園芸に関しては何も知らなかったので、できることは何でもやりました。近くの短期大学の造園林学科の社会人枠の科目等履修生になり、植物全般の知識教養を深め、北海道主催の起業家セミナーも受講しました。ハンギングバスケットマスターの資格も取得しました。興味のある人がいたら会いに行き、進みたい方向があると、まっすぐ向かっていきました。

世の中がガーデニングブームだったこともあり、園芸店の経営は順調でした。口コミが広まり、町内だけでなく、近隣の市町村や札幌から、わざわざ足を運んでくださる人も増えていったのです。やることなすこ

情報源のひとつだった園芸関連の書籍。

とうまく運んで、楽しくて仕方がないという毎日が続いていました。「4人の子持ち、田舎、素人」の専業主婦が、園芸店を起業したのは珍しかったのだと思います。地元紙をはじめ取材も多く受けましたが、どの取材記事でも「主婦の～」が枕詞《まくらことば》のように付いていました。いつか庭を作る仕事をやりたいと思い、取材で「夢はガーデンデザイナーです」と答えると、それがそのまま見出しになった記事もありました。でも、その頃は花やハーブの苗の生産や販売に奮闘し、自分の園芸店のあるべき姿を模索していたような気がします。

園芸店をオープンして2年後の1997年9月。ハーブ生産農家の大先輩に誘われたイギリスの生産者巡りの旅は、忘れられない旅になりました。4人の子どもを置いて、10日間も家を留守にするなんて到底できないと思いましたが、ハーブに精通した農家さんに誘ってもらえるなんて二度とないチャンスかもしれません。行きたい気持ちをあきらめることはできず、夫の協力も得て、出かけることにしました。

初めてのイギリス旅は、見るものすべてが私にとっては衝撃でした。9月だというのに美しいガーデン、花や苗木を生産し販売を行うナーサリー、多くの草花が理路整然と並べてある園芸店、ガーデンやショップに併設されている洒落たカフェなど、目にするすべてに魅了された私の中には、自分の園芸店の将来の姿がはっきり浮かんできたのでした。

園芸大国イギリスへの旅で、かなえたい夢がひとつ増えました。

お母さんは
変わりもの。
気がついたら
始まっていた

姉より

母が店を始める少し前から、うちの庭には珍しい野菜やハーブが出現し、食卓にも絵の具箱をひっくり返したようなカラフルな野菜が出るようになりました。

「お母さん、変わってるね」と友だちから言われることも増えてきたと思ったら、ある日突然、家の前でお店をオープン。あのときはさすがにびっくりしました。

「お母さんは今日からいないと思って」

園芸店のスタート3年めで、自宅の向かいにある倉庫を借りて店舗にしました。すべてが手探りでした。園芸店のイロハも知らず、マーケティングの言葉の意味も知らず、自分のやりたいことをやりたいようにやり、イギリスで見たナーサリーや園芸店だけがお手本でした。

新しい園芸店の評判は徐々に広がり、次第に忙しくなっていきました。朝4時前に起きて、向かいのお店で花苗の管理、事務作業をしたら、5時にいったん自宅に戻って洗濯しながら、朝食準備とお弁当作り。子どもたちが登校するより先に仕事場へ向かうという毎日で、1日16時間は仕事をしていたと思います。完全にキャパオーバーでした。

家のことは十分にできなくなり、ある日、子どもたちに宣言しました。

「お母さんは今日からいないと思って」。

ごはんはお腹がすいた人が作ること、洗濯ものは自分でたたんでタンスにしまうこと、掃除は埃《ほこり》が気になる人がやること、と伝えました。

この宣言が効いたのか、夫が洗濯と掃除と買いものをするようになりました。どんなに忙しくても、朝食とお弁当を作ることは欠かさなかった私でしたが、食べ盛りの子どもたちの空腹を埋める晩ごはんに間に合わない日も。そんなときは、夫がそれなりに子どもたちに作って食べさせてくれるようになりました。

子どもたちもよくお手伝いをしてくれて、茶碗洗いは子どもたちがジャンケンで決めて行っていました。末っ子のＫｕｒｏに至っては、米研ぎから風呂洗いまで。特に風呂洗いが上手で、ほとんど毎日やってくれていました。今でも、Ｋｕｒｏは実家であるわが家に遊びに来たとき、食器を率先して洗ってくれます。

もちろん、子どもたちに料理を教える時間などありませんでした。でも家事をすることが身についていたからでしょうか、子どもたちはみんな、ひとり暮らしをしても家事には困らなかったようです。

そんなわけで、家族の協力体制ができあがり、春先から秋までは仕事に没頭、子どもたちはほったらかしでした。特に、Ｋｕｒｏには母親らしいことはできなかったのですが、ママ友があれこれ世話を焼いてくれました。育ての母が何人もいたようなものです。海やキャンプも私の妹の家族や友だちが連れて行ってくれました。

子どもが４人いたというのは、仕事をする上ではとても良かった、と私は思っています。家の中に、小さな社会ができあがっていました。姉兄たち、特に長女はＫｕｒｏと10歳も年が離れているため、面倒をよく見てくれました。「こんなにＫｕｒｏをほったらかしていたら、不良になっちゃうよ」と長女に叱られたこともあります。

ほぼほったらかしの子育てでしたが、親同士のつながりが強固でママ友にはものすごく助けてもらったこと、仕事場が家に近かったことや、田舎であったことも幸いしたと思っています。

夫と4人の子ども、そして周囲の方々の助けがあったからこそできた仕事だと、今でも本当にありがたい気持ちでいっぱいです。

お母さんがいなくても、大丈夫

姉より

「お母さんがいないと思って」宣言の後、お母さん、本当にいなくなった！　と思いました。今でも母が戻ってきたかどうかは定かではありません。父が買いものや掃除をしたり、寝坊した私をＫｕｒｏが起こしてくれたり、弟たちがＫｕｒｏに文字や算数を教えたり。みんなでやれば大丈夫でした。

Ｋｕｒｏ語録

かっこいいなって思ってた、働くお母さん

僕が物心ついた頃から、母はキャリアウーマン。幼稚園の頃、母が家にいなくて寂しくて大泣きしたこともあります。でも、小学校に入った頃にはその状況にもすっかり慣れて、働く母を誇らしく思うようになりました。ほったらかしで育ったので、自然と自立心も育まれたような気がします。

考える前に飛び込む、飛び込んでから考える

私は、「直感の人」とよく言われます。あまり深く考えず、やりたいことをスタートさせることが多いからです。園芸店では開業以来、仕事の依頼が来たら、とりあえず「やります」と答えることにしていました。

そんな風に、走りながら考えて実行するスタイルで動いていると、大きな仕事の依頼が来るようになりました。ハンギングバスケットマスターとして、国営滝野すずらん丘陵公園（以下、滝野公園）のオープニングに伴う修景の仕事にお声がけいただいたのです。

右も左もわからない私でしたが、とにかく精一杯やるしかないとプランを提出して、そのときにできることをやりました。ＦＡＸ複合機を事務所に導入したのもこの案件がきっかけです。当時は、メールが今ほど浸透しておらず、ビジネスではＦＡＸでの送信やＡ３カラー印刷が求められました。ビジネスの土俵にしっかり立つには、技術や知恵に加えて、ツールやノウハウも求められるということを知りました。

私の人生のターニングポイントはたくさんあるけど、滝野公園の仕事はそのひとつと言えるでしょう。ここでの取り組みと結果が評価され、新しい仕事が少しずつ舞い込むようになりました。

事業が拡大し、スタッフも増え、次々と新しいことに飛び込んでいきましたが、「こんな仕事があるのですが、やってみませんか」とお声がけいただいたら、「やります」とまずは返事をしていました。「やります」と伝えてから、どうやったらできるんだろう？　と頭をひねって、知恵を振り絞って、わからないことは調べて、教えてもらって、ということを繰り返してきました。

経験したことのないような仕事に対して「できない」ではなく、できるようにやることを考えるというのが私の主義でした。

出会いを大切に、一歩踏み出す

私は、周囲の人からは幸運な人だと思われていることでしょう。節目での良い出会いを、「人に恵まれたね」と言われることもあります。ただ、出会いをどう生かすか、次の行動をどのようにするか、私なりに真摯《しんし》に向き合い、大切にしてきたつもりです。

今、私がガーデン管理の仕事をしているノーザンホースパーク（北海道苫小牧市の馬のテーマパーク）の仕事も、高校生だった次男とのなにげない会話がことの始まりでした。「今日は部活がないから、弁当いらない」「何があるの？」。わずかなやり取りで、母の古くからの知り合いが次男の通う高校で行われる講演会に来ることを知ったのです。講演会は保護者の参加も可能とのこと。ご挨拶をするために、母といっしょに急遽《きゅうきょ》高校へ向かいました。

知り合いと話をしたのはわずか5分くらい。「今の仕事は？」と聞かれ、「花の仕事です」と答えたところ、後日、ノーザンホースパークを紹介していただいたのです。

ノーザンホースパークからは小さな仕事を皮切りに、次々と仕事をいただき、やがてガーデン全体の仕事を請けるまでになりました。大きな仕事を喜ばしく思う一方で、寄せ植えやハンギングバスケット、花壇しか作ったことのない私にできるだろうか？　と不安でいっぱい。その思いを、東京で行われていたガーデン関連の講習会に参加した際、先生に相談しました。先生からのアドバイスは、「ガーデンは花だけではできません。土木、建築、樹木、そのほか多くの仕事の結集です。あなたの周りのその道のプロといっしょにやればいい。あなたはそのプロデューサー」でした。

その言葉に背中を押され、北海道に帰るとすぐにお世話になっていたランドスケープの第一人者の先生の事務所の門を叩きました。ガーデンデザインのプランについてアドバイスをいただくためです。プランを提出しては返され同時に資料を渡され、の繰り返しは、まるで個人ゼミのようでした。そうやって、どうにかプランを形にして設計、施工、オープンへと漕《こ》ぎ着けることができたのです。

あのとき、次男に「今日は何があるの?」と聞かなければ高校の講演会に行くこともなく、ノーザンホースパークとのつながりはできませんでした。東京の講習会で先生に相談していなければ、あきらめていたと思います。現場を指導してくれた先生の門を叩いていなければ、今の私は存在していなかったことになります。もちろん運の良さもありますが、そこからさらに一歩踏み出したことから始まりました。

最初から大きな仕事をするなんていう気持ちはまったくありませんでしたが、出会いを大切に経験を重ね、かつて取材で話していた「ガーデンデザイナーになりたい」が現実になっていったのです。

人に言いまくる、人をまき込む。それは未来への種まきです

わが家の庭には、古いレンガを敷き詰めた小径があります。古いレンガには味があるので、庭を作り始める前から好きでした。いちばん古いレンガは、Ｋｕｒｏが生まれる前、廃材だったものを譲ってもらったものです。その頃、「古いレンガがあったら、教えて欲しい」と、レンガにつながりがありそうな人たちに言っていました。そうやって口に出していると、「あそこで、解体していてレンガもある」という情報が入ってくるようになったのです。

松ぼっくりを集めているときも同じでした。「松ぼっくりを集めているんだよね」と話せば、いつの間にか松ぼっくりが集まってきました。今、私の倉庫には出番を待つ大量の松ぼっくりがあります。

そんな普段の行動から、私は「まき込み型」だと言われます。

確かに、思い当たることは多いです。仕事で忙しくなりすぎて、妹に家事を手伝いに来てもらいました。庭での作業中に手が足りなくなって、

『Brains 種まく私たち』では
冊子作りも。

たまたま通りかかった知り合いに手伝ってもらったことも。たくさんの人をまき込みつつ、その都度助けてもらい、ここまで来ました。

古いレンガや松ぼっくりなんて、お金があってもなかなか手に入らないものです。人に会うたびになにげなく伝えておくのが手に入れるためのいちばんの近道なのです。まして、お金を積んでもできないこともあります。だから、人に宣言して、種をまいてきたのです。

やりたいことを周囲に伝えるばかりではなく、私自身が種をまき、配ることも心がけてきました。「大事な苗や種は3人あるいは3か所に分ける」というのが私の持論です。3か所に分ければ、それぞれの場所で大きく育ち、困ったときは補い合うことができると考えています。

北海道のオープンガーデンの会『Ｂｒａｉｎｓ《ブレインズ》 種まく私たち』の活動も種まきのひとつ。園芸店に来るお客さま同士で話に花が咲き、お互いの庭を行き来するようになっていた状況を見て立ち上げました。道内のオープンガーデンの仲間たちとつながりたくなったのです。キャッチコピーは私が作りました。「種をまけば、芽が出てやがて育つ」との考えを込めたものです。一人ひとりの力は小さくても、みんなで集まれば何かできる、との思いで仲間と頑張ってきました。オープンガーデン情報を掲載する冊子の原稿書きや印刷手配、会員の方への発送などは完全ボランティアです。時代の流れを受けて、WEBサイトを開設するなど20年以上活動を継続しています。今でもガーデナー同士の交流の場として活動を続けています。

園芸店時代に併設したカフェには、園芸の楽しみである種まきと、多くの根っこ「多根」の意味を込め、『カフェ たね』と名づけました。園芸店を辞めて、久しぶりにポップアップで開いたカフェは『カフェ たねその後』と命名。昔からの知り合いやガーデンファンなどたくさんの人が来てくださいました。これもいろいろな所に分けた種が育っていることの証だと思います。

種にはいろいろな未来が含まれていると思うのです。

次兄より

とにかく
好奇心の塊。
飛び込み力は
見習いたい

母の好奇心は人並み以上！　興味のあることにどんどん飛び込んでいくバイタリティは、僕が幼かった頃からまったく変わりがありません。でも、「やる」と周囲に宣言したものの、なかなか進んでいないものがあるのも事実。「うちの庭づくり、本気でやるわ」と宣言して、数年経過しています。僕が「やるやる詐欺だ！」って言うと、「いつかはやる詐欺だよ！」と母が言い返してくるのが近頃のお約束。なかなかやらないけど、最後はやり切るのがパワフルな母ならでは。どんな庭ができるのか心待ちにしています。

有言実行で強制執行。自分を追い込みます

北海道には「だはんこき」という方言があります。自分の我を通す、駄々をこねる子どものことで、私はまさしく「だはんこき」でした。お転婆で自我が強く負けず嫌い。母をずいぶん困らせましたが、12人の子を育てた曽祖母だけは「この子は大物になる」と言ってくれたそうです。

やりたいことをやり遂げる気質は子ども時代から変わっていないかもしれません。私は、やりたいことやアイデアが浮かべば、すぐに空想の世界に入ります。かなり具体的にシミュレーションして、調べたり、アイデアをスケッチしたり、文章にしたり、試作に入ったり。大体アイデアが固まったら、周囲に言います。いろいろな人に伝えることで、私自身の頭の中を整理して、考えをブラッシュアップしているのです。

先延ばしにしないように、宣言して自分を追い込んでいるという一面もあります。これを『有言実行で強制執行』と言っています。

「やりたい」と宣言しておけば、チャンスや出会いに恵まれることもあります。古いレンガや松ぼっくりが集まってきたことも、ガーデンデザイナーになりたいという夢をかなえたことも、口にしていたからこそ。

もっとさかのぼれば、専業主婦時代、短大の造園林学科に通学したことも「やる」と宣言してのアクションでした。庭のこと、植物のことを学びたい欲が高まってこの学校に行ったことは、庭づくりが単なる趣味ではなく、仕事へと変わる足がかりになったと思います。後に、園芸店で右腕となる重要な人物と出会い、世界が一気に広がりました。

やりたいと思ったら、自分から動かないと新しい扉は開きません。何も言わず、ぼんやり本を眺めているだけでは状況は変わらなかったでしょう。何も起こらない日々が続いていたと思っています。

「やりたい」と宣言するだけではなく、やりたいことを実現するために目標達成シートに書くのが良いというのは、私自身の実体験から。

お店をスタートさせてから通った起業家セミナーで、事業計画を立てる課題がありました。園芸店としての整備、生産の拡充、ワークショップの開催、見本園の整備、ガーデンカフェの併設、オープンガーデンの組織化、個人庭園の設計施工、観光ガーデンへの関わり、とやりたいことを8項目書き出しました。課題だったので、その後、この事業計画書を意識して園芸店の経営を行っていたわけではありません。その存在すらすっかり忘れていたほどです。でも、ある日、この事業計画書を発見。内容を見て、「あのとき、課題でやりたいと書いたこと、20年近くかかったけど全部達成していた！」と、私自身が驚きました。

やりたいことは全部やってきました。でも、私のことだから、また新しくやりたいことは出てきます。「やりたい」と言い続けて、前を向いていきたい。『有言実行で強制執行』はまだまだ続きます。

お皿の上のことまで考えている。一生もののトマト栽培

トマトを収穫するときは満面の笑顔に。

トマトってビジュアルも味もいいでしょう！　鮮やかな赤や黄色、オレンジのカラーやフォルムにときめきます。しかも、食べたらおいしい！　大好きなトマトのことを語り始めたら、自然に笑顔になります。

園芸店時代には、さまざまな野菜の苗を作りました。例えばバジルだけで10品種以上、レタスだけで20品種以上、これらを少しずつ作るというスタイルで、トマトもたくさんの品種を育てたのです。

お店をスタートさせた頃は、トマト苗と言えば、トマトやミニトマトの苗ぐらいしか流通していないのが一般的でした。

ところが、海外のカタログには形も色もバラエティに富んだミニトマトが紹介されていたのです。どんな本や雑誌よりも、カタログを読み解くのが至福の時間で、作りたい欲が刺激されました。

そんなわけで、多品種のトマトを育てることにしたのですが、お店の畑の土はトマト栽培に適していました。本当においしいトマトが実った

これからもトマト栽培は追求し続けます。

のです。あるとき、さまざまな品種のトマトをセットにして販売しよう、と思いつき、すぐに実行しました。黒系、赤系、黄系、オレンジ系の実がなる品種を選んで「トマトシスターズ」と命名。品種名以外に「長女、次女、三女、四女」と愛称をつけたこれは、大ヒットとなりました。

寒暖差が出て、トマトの甘みがグッと増す夏の終わりには、「トマトイベント」も開催。毎年多くの人が足を運んでくれるイベントでは、150種類以上のトマトをお客さまにテイスティングしていただき、次の年のトマト栽培の参考にしていました。

それぐらいトマトのことを愛してやまないので、園芸店を辞めると決心したときは「あぁ、トマトが作れなくなる、来年のトマトをどうしよう……」が最初に頭によぎりました（笑）。

もちろん、わが家の庭でもトマト栽培は続けていて、庭の真ん中にトマトハウスを作りました。この辺りは豪雪になるので、ハウスがつぶれ

翌年の栽培に活用するため、
種を採り、乾かします。

ないように屋根部分はビニールを取り外しできる形にしています。春から秋は屋根にビニールを被せて、雨などを避けるという造りです。

これまでに300種類ぐらいのトマトを栽培してきた私が、今、トマトハウスで育てているのはその中から選り抜いたもの。サンマルツァーノに代表されるイタリアの加熱用トマト、ブランデーワインやグレートホワイトなど自家採種ができるトマト、私がセレクトした4品種のミニトマト「トマトシスターズ」です。

今は入手不可能なものもありますが、入手できる品種は購入。種がなかなか手に入らない品種は収穫したら、食べる前に種を取り出して乾燥させることにしています。この種を大事に保管して、来年植えるのです。

トマトの原産地・南米は雨が降らない乾燥地域です。わが家のトマトもそれに倣って無水に近い状態で育てています。土と作り手で味が左右されると言われるトマトを、どこまでおいしく育てられるのか？　ベストな育て方を試行錯誤中ですが、いい感じに仕上がっています。

私のトマトへのこだわりは次第に大きくなってきました。ミニトマトは冷凍してトマトカレーに。大玉トマトやサンマルツァーノは瓶詰めにして、トマトスープやパスタにしています。トマトは、いくらでも展開ができる野菜の女王様だと思います。

「お皿の上のことまで考えて、トマトを作っているんですね」と言われたことがありますが、まさにそれです。

トマトはわが家の食卓には欠かせない食材。一生お付き合いしたいから、自分で育てていきます。

何のために働いているの？自問自答が始まった！

私のキャリアのスタートとなったガーデンショップ『コテージガーデン』。オープン25年後の2020年に代表取締役を退任しました。辞めることを決意したのは2018年12月。61歳のときです。スタートを切ってから休むことなく走りっぱなしで、この調子で私はどこまで行こうとしているんだろう？　次第にそんな思いにとらわれてきたのです。アウトプットばかりでインプットの時間が取れなくなっていました。このあと10年間、同じスピードで走り続けることはできないと考えるようになりました。

起業以来、特に2000年以降は休みがほぼない生活でした。苗を生産する、お店に立つ、仕入れをする、生産の決定をする、周囲を整える、社員のマネジメントをする、寄せ植え教室をする、ガーデンデザインをする、工事をする、カフェをする、現場を見る、出張に行く、としじゅう何かに取り組んでいる状態でした。お正月も休みなしでした。

365日仕事をしている感覚で熟睡もできませんでした。その一方で、休日をとることにすら、罪悪感を持っている日々が続いていました。

80代後半の両親のことも「あれ？　急に衰えてきた？」と感じることが出てきて、気になってきました。このまま仕事優先を続けていたら、隣に住んでいるのに両親としっかり向き合えない、後悔するかもしれないと考える日も増えてきました。

いつも予定が入っていて、敷地内に住んでいるのに孫と遊ぶ時間もありませんでした。

私自身の体力の衰えも感じるようになっていました。以前は、20kgの土を軽々と持って運んでいたのに、無理になり……。そうなるといつもより作業時間がかかってしまいます。60代の現実を実感していました。

どんな仕事も断らないという方針にも疑問が出てきました。好きな仕事にじっくり向き合えないことも出てきました。「仕事をこなす」自分になっていることに気がついたのです。

「仕事は大好きなのに、何のために仕事してるんだろう?」「自分の家の庭を作りたいと思って飛び込んだ園芸の世界なのに、わが家の庭は荒れ放題」「自分の庭を、コテージガーデンにする夢はどうなったのか」。今のままでいいのか、自問自答する日が続きました。

熟慮の末、原点に戻ろうと、代表を退くことを決めました。私の退任は、ふたつあった園芸店と生産部門を完全に辞めるということです。二人三脚で会社を作り上げてきたスタッフに会社の工事部門を譲って完全に手ばなすと決めました。

退任は2020年3月とし、ラスト1年を駆け抜けることにしました。

手ばなした分だけ返ってくるから。さようなら、ありがとう

園芸店では、春先に手書きの通信をお客さまに送ることが恒例でした。

2019年春の通信は特別でした。私の代表退任とそのシーズン限りの閉店を発表することにしたからです。退任と閉店について、事前に知っていたのはごくわずかでした。

通信は、例年より1か月ほど早いタイミングで郵送。同時に自身のWEBサイトでも同じ内容を発信しました。受け取ったお客さまからは、いつもより早くて薄い通信の到着に、胸騒ぎがしたと後から聞きました。私のSNSやメールには知らせを受けた多くの方からのメッセージが入り、封書やはがきでのお手紙もたくさん届きました。

印象に残っているのは、「手ばなしたら手ばなした分だけ、また何かが来るから」という旨の大先輩のメッセージ。正直、その言葉を受け取ったときは、半信半疑でした。手ばなしたら消えていく。そんな気がしていました。

でも、5年以上経った今、その言葉が真実であったことを実感してい

ます。KuroのYouTubeで新しい世界が広がったのもそのひとつだし、自然にやりたいことが舞い込んでくるようになりました。突然のじんましんや、ずっと患っていた顎《がく》関節症にも悩まされなくなり、熟睡できるようになりました。ぽっかり空いた部分に、どんどんいいものが入ってくることに、起業したときとは違う嬉しさを感じています。

退任までの1年間、2019年のシーズンは、多くのお客さまに来ていただきました。2020年3月末発行郵送の最終回の通信は万感の思いを込めて書き上げ、折込み、封筒の糊付け、宛名シールの貼り付けは心を込めて私ひとりで行いました。

新型コロナウイルス感染症のパンデミック真っ最中で、世の中が慌ただしい中、私のコテージガーデンは幕を引きました。

しかし、感傷にひたっている暇がないのが私の人生です。

園芸店の在庫の草花の管理、フリーランスのガーデンデザイナーとしての活動拠点となる事務所の引っ越し作業、ＷＥＢサイトの開設、荒れ放題のわが家の庭の整備と、これから作りたい４世代をつなぐ念願の庭づくり。それから忙しくてできなかった家しごと……。

ひとりになって、これからやりたいこと、これからの私には必要のないことを整理しました。再利用するもの、処分するものなどを自分の手で３年かけて整理して始末しました。

今は充実感でいっぱいです。まだ残っているのはこれからの仕事です。

手ばなしたこともあるけれど、やりたいことがたくさん広がって、動き出しています。

さよなら　私のコテージガーデン

1995年　6月
思い切って、町内にチラシを出したのが私の第一歩

初めて来店してくれたお客様を今も覚えている
遠くから、手を振って「買いに来たよー」って
今思えば小さくて酷い苗だった
ごめんなさい

それから25年
伝(つて)のかけらもなかったのに
たくさんの出会いがあって今の私がある

種まきが好きだった　出た芽が好きだった
上がった蕾が好きだった
咲いてしぼんで種になった姿も好きだった
そして、苗をお渡ししたお客様の喜ぶ顔はもっと好きだった

やりたいこと、できることを少しずつ増やしていった
店も毎年少しずつ変えていった
気がついたら、種をまいたら芽が出るように
いろんなことができていた

自然は厳しい
寒くて、暑くて、風が強くて、雪が多くて
朝早くから、暗くなるまで　1週間先の天気まで気にする毎日

自然のご機嫌がいい日なんて、年に何日あるだろう
でも、素晴らしい日は絶対ある

その日に庭で過ごすことができたら
それはこの上ない幸せだ

自然には逆らえない　人間の力なんて、ちっぽけだ
それを知っているというだけで幸せだ

小さいときから、それはなんとなくわかっていた
大人になってからも、わかっているつもりだった
そしてこの仕事をするようになってから、身に染みた

植物と対峙する仕事はとても良い仕事だと思う
この仕事をしようと思って始めたわけではないけど
本当に良かった

だから　コテージガーデンをやって、本当に良かった

たくさんの人に支えてもらいました　いろいろ教えてもらいました

たくさんの出会いがありました

すべて、一歩踏み出したおかげです
私の中のコテージガーデンは　いったんリセットいたします

さよなら　私のコテージガーデン

2020年　春
一人で始めた25年前に戻り
再スタートいたします

2020年コテージガーデン代表退任の際のメッセージ

お客さまのお悩みをかっこよく解決する、それがガーデンデザイナー

ガーデンデザイナーという職業を知ったのは、植物や庭に興味を持ってからです。園芸店時代に参加したある講習会で聞いた「デザイナーとは、どの分野においても依頼主の悩みや迷いを解決するのが仕事」という言葉は、強烈に印象に残りました。

以来、お客さまの要望を聞き、かっこよく、使い勝手に合わせて、期待以上のご提案をするのがデザイナーの仕事だ、と考えていますが、庭は常に未完成なので、そこが他分野のデザイナーとは違います。

「庭は作って2割、管理が8割」で、どんなに素敵な庭に仕上げても、生きている植物を入れるので、管理次第で良くも悪くもなるのです。そのため、お客さまの管理能力などを考え、提案しなくてはなりません。お客さまとのコミュニケーションも大切で、一生のお付き合いになることもしばしばです。

こんな風に私なりのガーデンデザイナー像を語れるようになったのは、

ごく最近です。専門の教育を受けていたわけでもなく、造園会社などでの下積みの経験もないので、そこが引け目でもありました。

園芸店を経営しながら、植物を育てながら、ガーデンデザインと施工の仕事をするようになり、さまざまな現場でいろいろな方に教えてもらいながら、ようやく理想にたどり着いたと思っています。

ガーデンデザイナーとしてお客さまのお悩みをかっこよく解決することを心がけてきた私ですが、最近、嬉しい仕事に携わることができました。同じ町内にある父が暮らす施設内の大きな庭の改修工事です。

今の目標は、車椅子の父を施設の庭に連れ出して散歩をすること。入所している多くの利用者さんが庭で楽しむ姿も夢見ています。回り道はしたけれど、67歳の今になり、ようやくゴールに近づいた。そんな気がしています。

着る服を選んで、庭と同化する

ＹｏｕＴｕｂｅ動画に登場する母の姿で気づいたことがあります。それは庭におけるドレスコードです。

母の着る服は赤やピンクのようなきれいな色ばかり。普段着なのに庭とマッチしてまるで花のようです。庭も素敵に見えるし、母もきれいに見えることとを、ＹｏｕＴｕｂｅ動画を見て感じました。

母が、庭で映えるファッションを意識して着ているのかどうかはわかりません。無意識に選んでいるのかもしれません。

というのも母の趣味のひとつに、写真撮影があります。小さかった子どもたちの写真を撮影するときに、地味な色の服を着た子どもたちを母の前に連れて行くと、「この服じゃなくて赤色の服、着せてきて」などと注文されることがよくありました。

風景の中でどういう色を着ればいいのかを直感的に捉えていたのかなと、今になって思います。

庭で作業中の私は、花というより木々や葉の色に同化しています。自分の庭において、私はガーデナー、母は楽しむ人。庭で忙しそうに動き回る私と、庭を散歩する母が登場するＹｏｕＴｕｂｅ動画でその違いがくっきり見て取れます。

仕事のときはそれでいいけど、訪問者として庭に入るときはきれいな色を着るべきと気づいたのでした。私はピンクや黄色の服は持っていないので、ワードローブに加えたい（笑）。母が庭に現れるときのファッションからもヒントをもらっています。

日本人の服装は、黒やブラウン、ネイビーカラーが多いと言われます。それも良いとは思いますが、庭を見に行くときは、ぜひ庭の一部になるように服の色を選んで欲しいです。

Tomato HOUSE

トマトハウス

（2023年）

2024年トマトの
植栽リスト

❶ サンマルツァーノII
❷ サンマルツァーノリゼルバ
❸ ホワイトチェリー
❹ ほれまる
❺ ブラックチェリー
❻ ゴールデンスイート
❼ チキータ
❽ サンゴールド
❾ フィオレンティーノ
❿ ブランデーワイン
⓫ ブランデーワインイエロー
⓬ グレートホワイト

トマトハウスに植えた他の野菜

トマトが育つまでは他の野菜も植栽します
レタス4種（種で育てて苗から）
サラダカブ、ラディッシュ（種から）

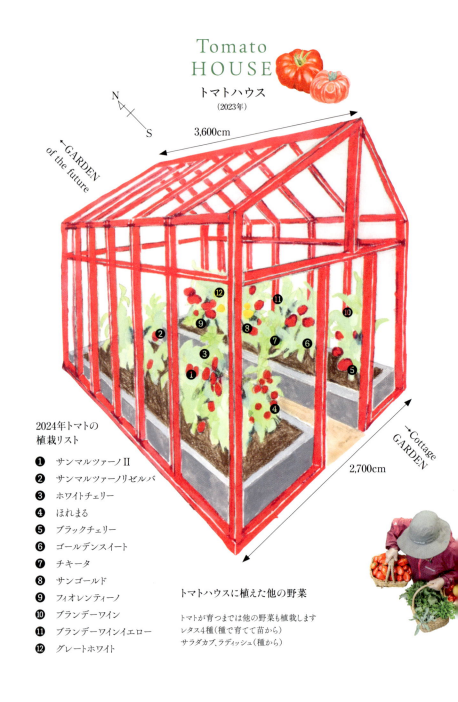

母の計画 ①

トマトハウスは
私にとってなくてはならないモノです。
その理由は主にふたつ。
・春（雪解け後5月半ばまで）苗養生のため
・トマト育成時の水分量コントロール
豪雪地帯のため、独立したビニールハウスは
雪管理が難しく、
せめて4月から10月まで利用できるもの、と考えました。
その結果が一般的な鉄パイプではなく鉄の角柱で作ったこのハウスです。
春先は全体を農業用ポリで覆い養生用として使い、霜の心配がなくなる頃にトマトを定植。
トマトの栽培時期は、横のポリは除いて天井だけ残し、水分のコントロールをします。
冬は天井のポリを外し豪雪に備えます。
床サイズは2,700×3,600cm（6畳間の広さ）で、
トマト苗は24本植えることができます。
北国の農園芸生活を支えるトマトハウス（ビニールハウス）は
庭のセンターとしての役目も果たしています。

Cottage GARDEN

コテージガーデン

（1998年～）

N
S

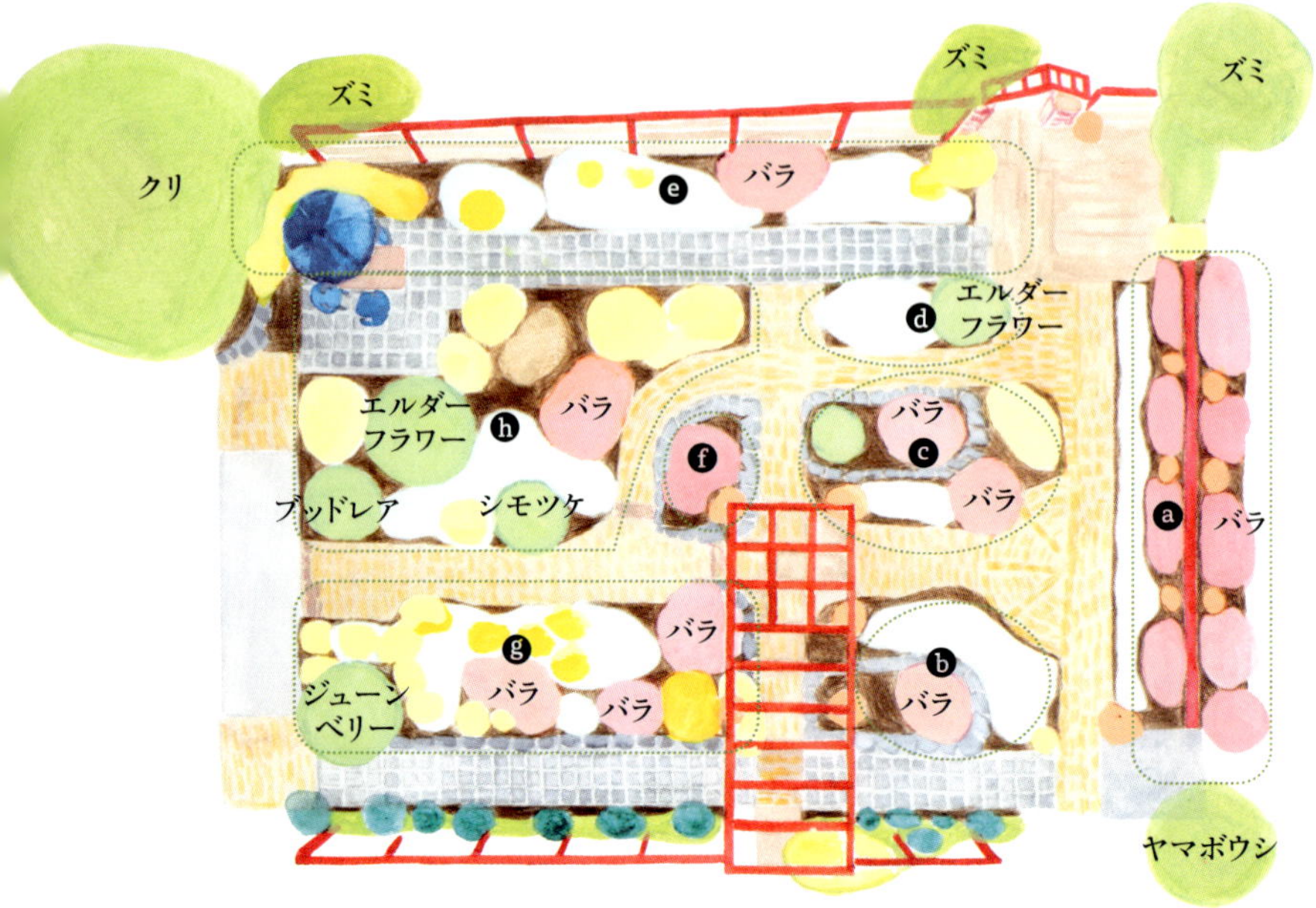

- アスチルベ
- ゲラニウム
- プルモナリア
- カラマツソウ
- キレンゲショウマ
- 黒軸アジサイ
- タチギボウシ
- ササスゲ　バナナボート
- クルマバソウ
- サクラタデ
- グラス2品種
- クジャクアスター
- シラゲシャジン
- マルバキンレイカ
- カリガネソウ
- ミズヒキソウ3品種
- 斑入りフキ
- スイートシスリー

ⓕエリア

- バラ
- カンパヌラ
- ユウスゲ
- クレマチス

ⓖエリア

- バラ3品種
- クレマチス
- コレオプシス
- サンギソルバ
- ユーフォルビア
- クジャクアスター
- バプテシア
- ポリゴナム
- エルショルツィア
- ビッグイヤー
- ペルシカリア
- ポリゴナム
- ノリウツギ
- フロックス 3品種
- 斑入りユーパトリウム
- カシワバアジサイ
- ユーフォルビア コロラータ
- アルテミシア
- エキナケア
- ヘリオプシス
- アンスリスクス
- エリンギウム
- セントーレア
- ネペタ
- セッコウボク

ⓗエリア

- ペルシカリア
- イトススキ
- シャクヤク
- アナベル
- ニゲル
- 黄金ヤブラン
- キョウガノコ
- キレンゲショウマ
- アスチルベ
- シモツケ
- ジャーマンアイリス3品種
- ユーフォルビア
- ブッドレア
- ホスタ サガエ
- ユリ
- シダ
- イブキトリカブト
- ヤグルマソウ
- コチャルメルソウ
- エルダーフラワー

母の計画 ②

1998年頃、自分で作った初めての庭です。

「コテージガーデン」という園芸店を経営していたときにモデルガーデンとして作りました。

多くのお客さまが見にきていましたが、場所を移してから手を入れられなくなり庭は荒れ放題。

母が除草だけはしてくれました。ありがたかった。

そのうち母もできなくなり、庭も庭の隣に広がるバックヤードも何もかも藪と化しました。

荒れた庭は増えるものだけ増えて、大事なものは消えてしまうという悲しい状態でした。

2020年に仕事スタイルを変えた私は、庭の整備と敷地全体の庭づくりに着手。

敷地の広さの割には植栽エリアが限られ、
たくさんの植物を詰め込んでいた私の庭でしたが、
今は、それらを各エリアに適材適所でちりばめています。

ここコテージガーデンエリアには、バラとクレマチス、希少品種、
古くとも無くしたくない大事な品種を植えていきます。

庭すべてがそうですが、構造物はすべてオリジナル。何度も作り直しましたが、
最終的には豪雪に負けず30年大丈夫、だけど壊そうと思えば簡単に壊せる作りとしました。

造園工事の余剰資材、園芸店を辞めたときに出たものも積極的に使っています。

植物も含め、いわゆる「捨てられるはずだった庭」=「捨てない庭」が結果的にテーマになりました。

ⓐエリア
・バラ8品種
・クレマチス10品種
・ゲラニウム8品種
・ポテンティラ
・フロックス
・ユーフォルビア
・ムスクマロウ
・ホスタ
・プリムラ
・アストランティア
・サルビア2品種
・アリウム3品種
・バーバスカム
・シクラメン
・ネペタ
・タイム
・ホルトソウ

ⓑエリア
・バラ3品種
・クレマチス2品種
・マトリカリア（黄金葉）
・アルパインアルケミラ
・ポレモニウム
・バーバスカム
・プリムラ
・スクテラリア
・アガスターシェ
・ゲラニウム
・パパヴェル
・アガパンサス

ⓒエリア
・バラ2品種
（ローズシロップ用品種を含む）
・ヒメウツギ
・スイセン
・アルテミシア
・ユーフォルビア
・エキナケア
・バプテシア
・サキシフラガ
・フクシア
・スッキセラ
・ペンステモン

ⓓエリア
エルダーフラワー
（ブラックレース）
・オキザリス（白花）
・オエノセラ
・キョウカノコ
・プリムラ
・アネモネ
・カーリメリス
・ブルンネラ
・斑入りヨメナ

ⓔエリア
・アジサイ エンドレスサマー
・ササスゲ
・コマユミ
・タムラソウ（白花）
・細葉タムラソウ
・斑入りハルサメソウ
・チョウジソウ
・ホスタ
・ヌマトラノオ
・オオロベリアソウ
・ランブラーローズ
・アストランティア

母の計画 ③

Kitchen GARDEN
キッチンガーデン
（2024年）

十分な広さがないので、日々収穫できる、
家族が喜ぶ野菜を中心に植栽します。

❶ わが家に伝わるインゲン豆
❷ 長なす、一般的ななす、米なす、白なす
❸ こどもピーマン、甘トウガラシ、ジャンボピーマン、トウガラシ魔女の杖、鷹の爪
❹ ほうれんそう、だいこん
❺ レタス、ラディッシュ
❻ みょうが、みつば

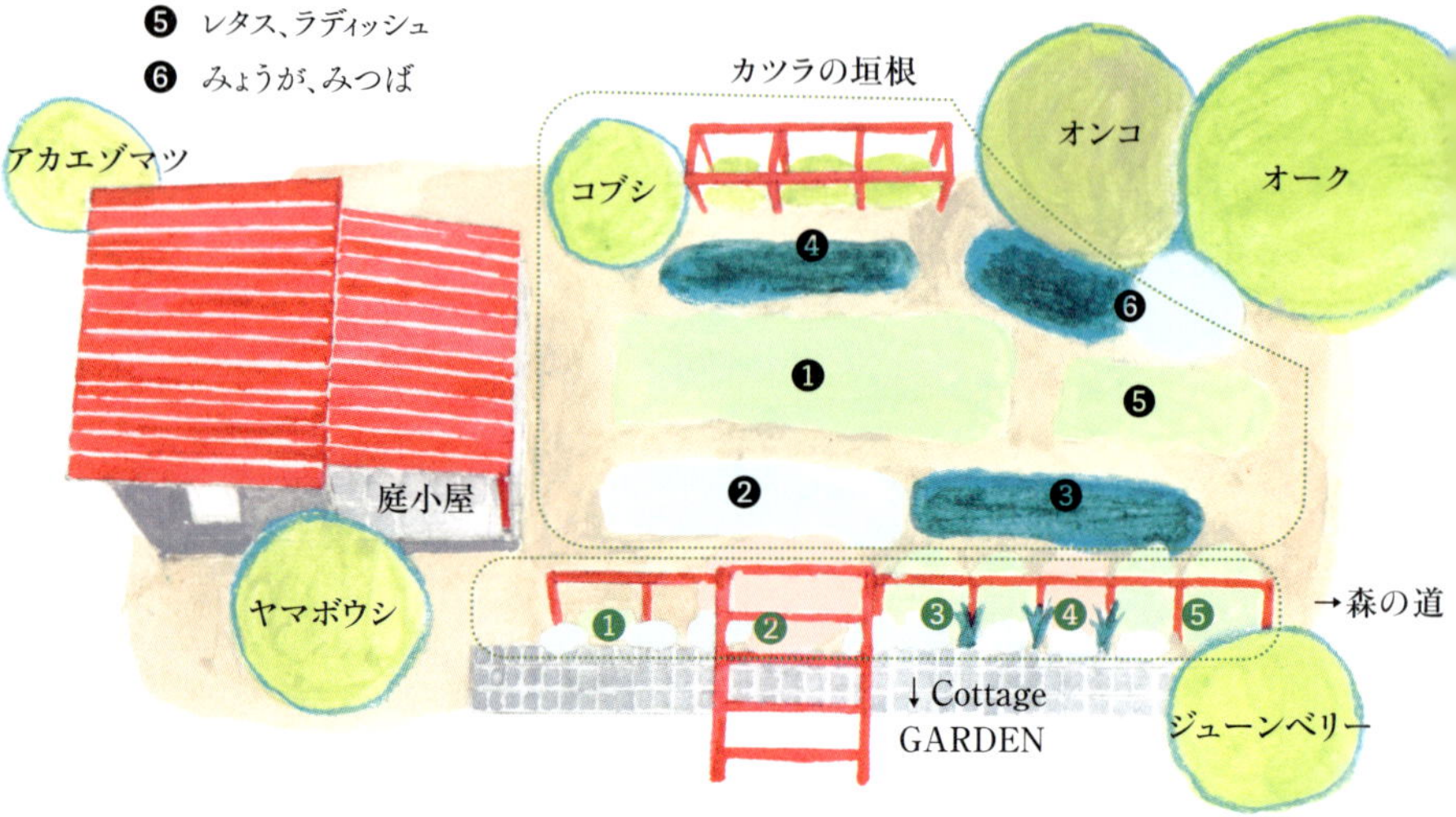

Herb GARDEN
ハーブガーデン
（2023年）

日々使うので、通りに面したところに植栽しておきます。
越冬しないハーブは鉢植えにしておき、
冬季間は室内に取り込みます。
一年草ハーブはポットで苗を育て露地へ下ろします。
それぞれが好む環境下に植栽します。

① ニラ、タイム、チャイブ、ネギ
② マリーゴールド、フェンネル、ディル、パセリ
③ イタリアンパセリ、バジル、
④ レモングラス、アカシソ
⑤ チャービル、アオシソ、エゴマ

Berry ROAD

ベリーロード

(2023年)

母の計画 ④

いちばん日当たりの良い石積みの花壇をベリーガーデンとしました。
次男ファミリーの庭の裏側にあり収穫がしやすい場所です。

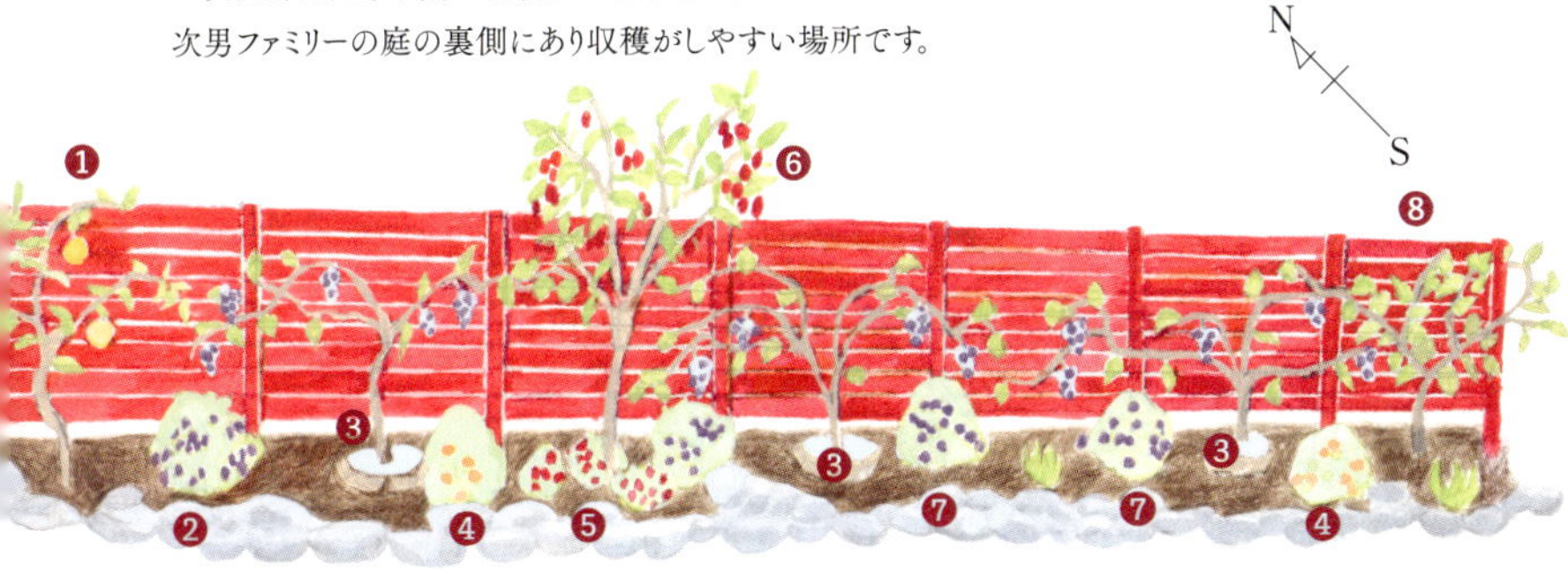

1. マルメロ
2. ハスカップ
3. ブドウ
4. グズベリー
5. ワイルドストロベリー
6. クラブアップル
7. ブルーベリー
8. ブラックベリー

GARDEN of the Future

未来の庭

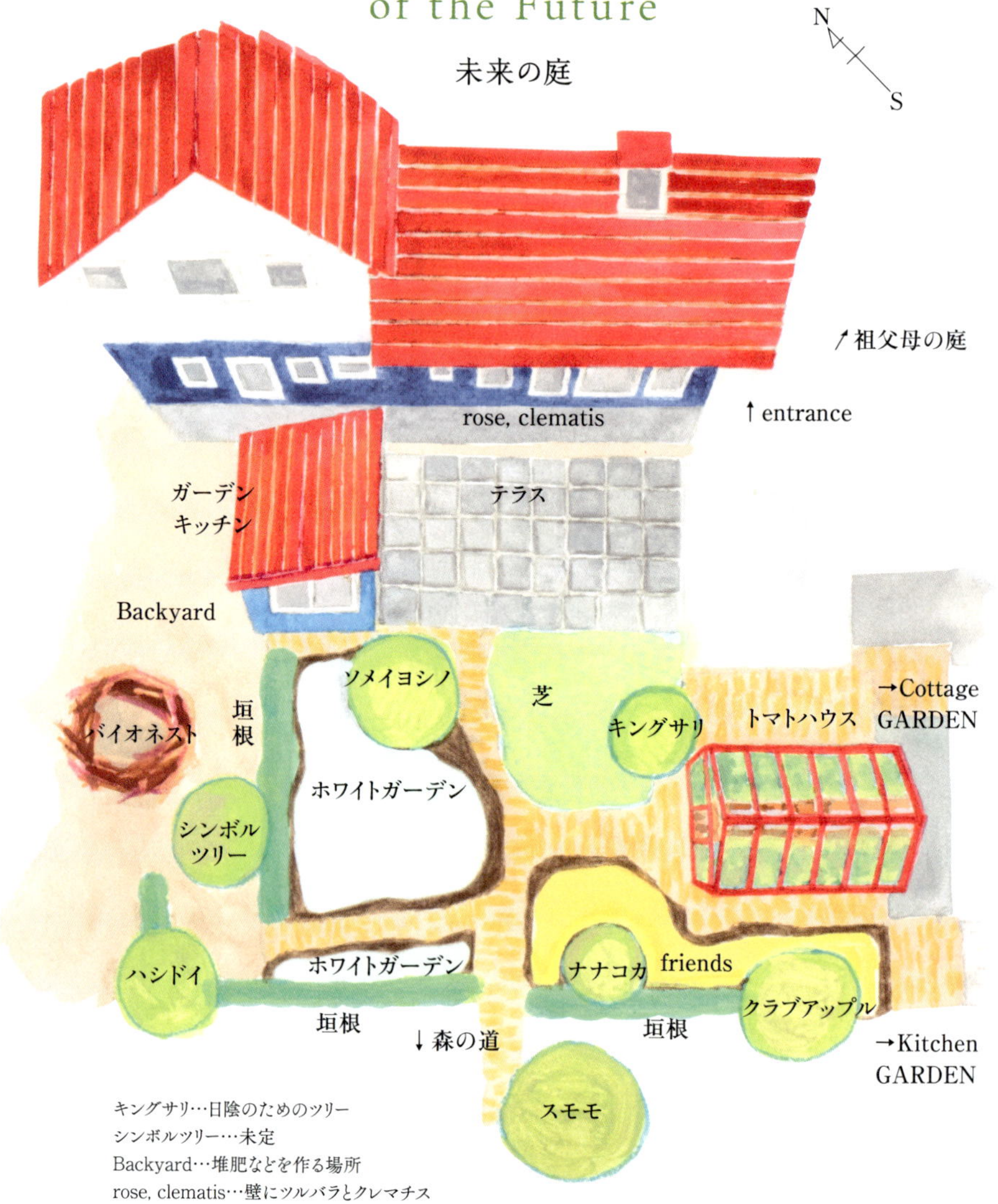

キングサリ…日陰のためのツリー
シンボルツリー…未定
Backyard…堆肥などを作る場所
rose, clematis…壁にツルバラとクレマチス
friends…友達にもらった大事な花を植える

母の計画 ⑤

リビングにある大きな窓から見えるエリアは庭を感じる大事なエリアです。
家と庭の一体化は私にとって大きな課題でした。
なぜならわが家は豪雪で埋もれるのを嫌い、基礎を高くした作りだからです。
この構造により庭との行き来が制限され、一体感が薄れてしまいました。
家を建てた当時はそのことにまったく気がつきませんでした。
幸いわが家のリビングから庭全体を俯瞰できます。
せめて窓からも庭を楽しんでもらえるように作り込みたいと思います。

・花見を楽しめるように、ソメイヨシノを主木とする
・過ごしやすいようにコンクリート平板のテラスを設置
・狭いながらも芝エリアも設ける
・家族や友人と庭で食事をするための本格的キッチンのある小屋を作る
・プライベートなエリアとするため、周囲を垣根で囲う

GARDEN

Private Garden

庭カレンダー（ガーデン歳時記）

・雪割り
・トマトハウスのビニール張り
・種まき（野菜、一年草）
・冬囲いほどき
・掃除、落ち葉集め（腐葉土に）
・バラの剪定、誘引
・ウッドチップ敷き
・芝の施肥
・自家製堆肥を必要なところに
・菜園の準備
・トマトハウスへの野菜種まき

参考開花カレンダー

球根花／シクラメン・コウムなど早春の花／クリスマスローズ

春

4月

Spring

台所カレンダー（キッチン歳時記）

・随時作るもの　＊甘酒、水だし、甘酒の漬物など

・筍料理　＊母の実家がある三重県の親族から届く筍で筍祭り

雪が解けると庭しごとが急に忙しくなります。外出が増え、台所しごとをする時間は激減します。その備えとして冷蔵庫、冷凍庫、パントリーの整理整頓、保存瓶や調味料の在庫をチェック。北海道の庭しごとと台所しごとが急変するのが4月です。

KITCHEN

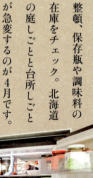

・菜園の耕運
・野菜苗の購入
・芝の目土
・カッコウの鳴き声が聞こえたら、植え付けのゴーサインにつき野菜苗各種露地への植え付け（北海道仕様）
・家の中に取り込んだ植物を外に出す
・宿根草のチェック、植え込み、植え替え、株分け

スイセン／チューリップ／宿根草各種

5月

・クレマチスの誘引
・鉢物の植え替え
・ポットで残している植物の植え替え、施肥、手入れ
・菜園の手入れ、支柱立て
・目立った雑草抜き
・草刈り1回目
・バラの花がら摘み、切り戻しなど随時
・シロップ用ローズ収穫

宿根草随時開花

6月

・山菜料理
＊北海道の山菜は5月～6月にかけてが最盛期

・梅しごと1回目
（梅漬け、梅酒、梅シロップ、梅サワー／和歌山産）
・いちご加工
（ジャム、冷凍／道内産）
・生姜、ラッキョウしごと1回目
（甘酢漬け／道外産）
・ローズシロップ作り
・畑の初物料理

GARDEN

Private Garden

庭カレンダー（ガーデン歳時記）

7月

・野菜収穫始まる
・トマトの随時誘引収穫
・スモモ収穫
・ベリー類収穫

宿根草随時開花
バラ・クレマチス開花

8月

・だいこんの種まき
・バラの夏剪定
・クレマチス切り戻しなど
・バラの芯止め

Summer

台所カレンダー（キッチン歳時記）

・ドクダミ（チンキ、お茶、入浴剤）
・梅しごと2回目（梅漬け／青森産）
・杏しごと（シロップ漬け、杏ジャム／青森産）
・スモモ加工
（コンポート、ジャムなど／道内産・庭）
・ブルーベリー加工
（冷凍、ジャム、毎日のスムージーに／道内産）
・ハスカップ加工（冷凍、甘煮、塩漬け／道内産）

・赤しそジュース作り
・桃加工（シロップ漬け／道内産）
・梅干しのしそ漬け
（漬けた梅を干してしそを入れる）

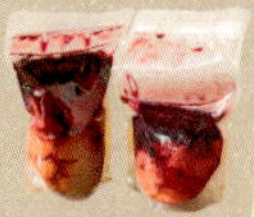

KITCHEN

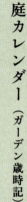

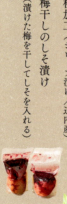

Autumn

9月

・野菜、宿根草、野草など随時種採り
・ハーブ類随時収穫
・下旬には非耐寒性植物を家の中に取り込む

秋の宿根草開花

・トマト料理
・ラッキョウしごと2回目（甘酢漬け／道内産・庭）
・ハーブ類（バジル、しそ、フェンネル、ディルなど）加工（オイル漬け、塩漬け、ジェノベーゼなど）
・トマト加工（9月〜10月まで随時　瓶詰め、ドライ、冷凍）

10月

・菜園の野菜が終わり次第順次片付け
・自家製堆肥、腐葉土を根元に施す
・宿根草刈り込み、雪囲い（下旬）
・栗の収穫掃除
・すべてを屋根付きの場所へ仕舞う

・イクラ醤油漬け
・きのこ料理　＊きのこ名人が届けてくれる
・三枡漬け（トウガラシ、甘トウガラシなど）
・栗しごと（10月〜11月まで随時　渋皮煮）
・ハーブ類（セージ、パセリ、ローズマリー、レモングラス）のドライ加工
・りんご加工（アップルパイ用フィリング冷凍／道内産）

GARDEN

Private Garden

庭カレンダー（ガーデン歳時記）

11月

・道具の整備

・倉庫の片付け

12月

・1年のまとめ

・来年の計画

Winter

KITCHEN

台所カレンダー（キッチン歳時記）

11月

・アップルパイ作り　＊紅玉が出回るとスタート

・にんにく加工（ペースト冷凍、粗みじん切り冷凍／道内産）

・かぼちゃ加工（ペースト冷凍）

・ベーコン作り

12月

・キムチ作り（自家製ヤンニョムで）

・おせち料理

＊北海道では年越し料理ですが、わが家では元旦にいただきます

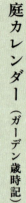

12月に入ると、庭は雪の下で深い眠りにつきます。春が始まると一気に季節が進むので、シーズン中は考える時間がなくなります。だから冬の間に、すべての準備をします。ストーブで暖まりながら庭の計画を立てることを「ストーブガーデニング」と言っています。

1月

・味噌作り（4世帯分）

・柑橘加工
（レモン、ゆず、温州ミカン、オレンジ、甘夏などをペーストにして瓶詰め冷凍）

・ゆで豆ミックス作り
（豆ごとに茹でて、ミックスして冷凍）

2月

・寒麹作り

・チョコレートケーキ作り

3月

・ちらし寿司

・冬の間にできなかった台所しごとをやってしまう

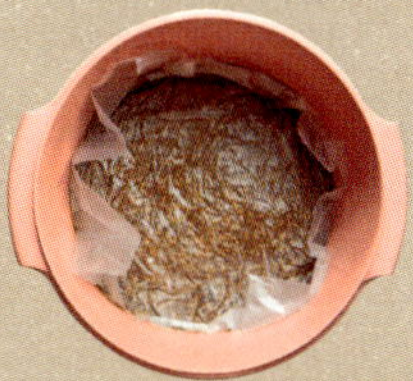

捨てればゴミ、使えば宝。どんなことにも無駄はなし！

私のルーツは三重県です。１００年以上前の明治時代、私の曽祖父母が親といっしょに北海道に移り住んで、北海道での物語が始まりました。

私はひいばあちゃん子でしたので、幼いながらも曽祖母の苦労話を興味深く聞いて育ちました。今では語る人もいなくなりましたが、ここで暮らし始めた頃の暮らしはとても過酷だったそうです。家族も大勢で、食べものや水の確保は必須でした。

そして、今でさえ困り果てている大雪の始末と寒さへの備えも行わなくてはなりませんでした。すべてのものを活用し、捨てるものなどのない生活をしていたことは想像がつきます。

曽祖母は「もったいない、もったいない」を繰り返していました。すべてを無駄にしない、始末の良い暮らしは過酷だった頃の当然の知恵とも言えるのでしょう。

幼い頃から、ものを粗末にすると「ひいばあちゃんが見ていたら、び

野菜クズは庭にある
コンポストコーナーへ。

っくりするよ」というフレーズが家族間でよく使われていました。私にも「もったいない」「粗末にしない」が身についていると思います。

わが家の庭でも、曽祖母の教えを形を変えて実践しています。

目指しているのは、無駄のない還元する庭。ゴミを出さない庭が今の私の研究テーマで、さまざまな情報から、良いところをチョイスして工夫した我流コンポストはそのひとつです。園芸店時代に使っていた、持ち手付きの大きなプラスチックのコンテナに使い古しの土や料理をしたときに出た野菜クズを層にして入れていきます。使い古しの揚げ油を回し入れることもあるし、納豆、ヨーグルト、甘酒が入っていた容器を洗った際のすすぎ液も回し入れます。

守るべきは2点。

・卵の殻以外の動物性残渣《ざんさ》は入れない。

・野菜クズが見えないように、薄くてもいいからしっかり土をかぶせる。

コンポストに入れた種が芽を出してこんな大きなかぼちゃに！

本当は蓋《ふた》をするのが良いかもしれませんが、使用しているプラスチックのコンテナには蓋がないので使い古しの土や野菜クズなどを入れたらほったらかし。かき混ぜなくても大丈夫です。

分解の遅い玉ねぎの皮、卵の殻以外は、10日くらいで分解され1か月後には土に戻っています。できた土は再びコンポストに利用したり、庭や畑に戻したりしています。

かつお節や魚やチキンの骨など動物性のものをコンポストに混ぜると、キタキツネや猫などが荒らしにくるので、料理段階で、コンポストに入れるゴミ、入れないゴミは分別するようになりました。

その土から野菜が育つこともあります（笑）。今年はものすごく大きなカボチャが収穫できました。なぜか里芋も出てきました。里芋の皮やかぼちゃの皮・種から芽が出たのでしょう。今はキャベツが土の中から出てきているので、来春まで様子をうかがっています。

「いつのまにか堆肥」になるか
様子を見ている落ち葉や枝。

最近はますます堆肥《たいひ》作り熱が高まり、研究を重ねています。落ち葉は、米ぬかを入れたり、ヨーグルトや納豆のすすぎ液をご馳走にして育てて、数か月で自家製腐葉土にしました。雪に備え、刈り取った植物残渣などは小さくして積んでおきます。枝も砕いたり、切ったりして小道に敷きます。雑草もひとところに集めて、高く厚く積んでいます。

気づいたら堆肥になっていくこれらを、「いつのまにか堆肥」と名づけました。すべて実験中ですが、始末の良い暮らしが気持ち良くて楽しくて、ひとりでニンマリとしています。

経験したこと、得た知識は、今の庭づくりを助けてくれています。

どんな経験も無駄ではありませんでした。無駄なことだと感じたらゴミのように思えるし、無駄じゃないと思って活用すれば宝ものです。

庭しごとも家しごとも、無駄なく始末の良い暮らしを楽しみたいと思います。

この庭は、このキッチンは、世界につながっている

田舎の小さな町に住む私は、中学から20歳過ぎまでを札幌と東京という外の世界で過ごし、町に戻ってきました。

この町の外に世界があることは、幼いときからわかっていました。強く印象に残っていることがあります。

小学校入学直前の頃です。母の実家である三重県に、母と妹たちと訪れた帰り、祖母は体の弱い母を心配して東京まで送ってくれました。東京で私たち一行は旅館に泊まりましたが、そこで出会った青い目の外国人と祖母が英語で会話していたのです。

祖母は若い頃、西本願寺から移住者への布教のためにハワイに派遣されていたことがあったので、英語は堪能でした。初めて見た外国人、そして英語でコミュニケーションを取る祖母。私の知らない世界があることを確かに感じた経験でした。

シェフが気に入った莢インゲンは、
今もキッチンガーデンで栽培。

園芸店時代にも、世界とつながっていると感じたことがありました。あるきっかけで、デンマークにある世界的に有名なレストランのシェフが、園芸店のカフェにやってくることになったのです。カフェは休みでしたが、トマトカレーと自慢の莢インゲンでもてなしました。ごはんは、炊きたてを切らしていて、冷凍でしたが（笑）。シェフはすっかりコテージガーデンを気に入ってくれて、当時生産していたエディブルフラワーや莢インゲンを出荷することになりました。

その後も、シェフとのお付き合いは続き、私のカフェで催したこぢんまりとしたパーティで、わが家の特製ちらし寿司を振る舞ったこともありました。外国人のシェフたちが大喜びで、平らげてくれたのは嬉しい思い出です。

このとき、その場で一部始終を見ていた長女は、わが家の庭、園芸、食べものが世界に通用すること、それらが世界とのつなぎの役目をしていると言いました。

私自身、田舎で暮らし、世界から取り残されたような気持ちになったこともあります。

でも、今は園芸の仕事やＫｕｒｏの発信するＹｏｕＴｕｂｅで、世界とのつながりを深く感じるようになりました。ここに住み続けているからこそ、そう思えるようになった、そう言い切ることができるようになりました。

お母さんと
いっしょにいて感じた、
ここは世界に
通じている

姉より

ここは田舎だけど、自分を取り巻く小さな世界が、外の世界につながっている。アクティブな母を見ていると、いつもそう感じさせられました。この庭や母には、そういうパワーがあると思うのです。

67歳の今だから、理想の庭づくり

庭は『北国の暮らし』のもうひとつの主役だと言っていただくこともあります。草花が芽吹く春、バラの花が美しく緑濃い夏、木々から一枚一枚葉が落ちていく秋、真っ白な雪に覆われる冬とさまざまな表情を見せてくれるわが家の庭に、私は人生を重ね合わせています。

すべてに新鮮な気持ちを抱いた春や、青春を謳歌《おうか》した夏を過ぎて、70代を目前にした今は深まる秋の中にいるような気持ちです。

庭づくりは家を建てたときからの夢でした。園芸店を始めるずっと前のことです。ハーブや野菜を栽培しようなどの構想は当時も持っていましたが、知識も経験もわずかなものだった、と今ではわかります。

この辺りは雪が多いので、大雪にも耐えうる庭にすることも大事なことです。夢中で仕事に向き合った25年間があったから雪対策の具体的なノウハウを得られました。

園芸に関するさまざまな知識を得て、多くの経験をしてきた67歳の今だからこそ、理想の庭づくりができるのです。

何かを始めるのに遅すぎることはない。心からそう思います。

もともと、父と母の家の前に広がる庭は池のある日本庭園でした。私の庭、次男ファミリーの庭もそれぞれ違う時代に作りました。テイストがまったく異なる庭をつなぐことの難しさも感じる庭づくりですが、テイストが違っても違和感のない庭を意識して、あれこれ知恵を絞る時間を楽しんでいます。

目指すのは、両親、私たち夫婦、次男夫婦、そして孫たちの4世代をつなぎ、ここを故郷とする家族全員のための庭です。

古レンガや廃材であっても私の好きなテイストの素材を取り入れ、そこに新しい材料もミックスさせて、デコラティブではないエイジングを感じる庭が仕上がりつつあります。

それぞれの家族のこれからのことも考え、庭に反映させています。

庭の障害物を排除したら、庭で過ごす時間が増えました。

例えば、両親の庭は、母が好きな山野草を植えたことでいつの間にか野草の庭になっており、足腰が弱ってきた父が歩くには難しくなっていました。両親の庭から続くわが家の庭も、通路には障害物がたくさんありました。そこで、私が庭づくりで真っ先に行ったのは庭のバリアフリー化。車椅子を使う父でも回れる庭にしました。

この庭を作ったことで、1日の長い時間を父は庭で過ごすことができました。私の第一目標はここで達せられ、心から喜びを得ました。

孫たちが虫嫌いにならないように次男ファミリーの庭には、花や野菜を自由に植える花壇を作りました。大きな石のあるロックガーデンは、孫たちの格好のアドベンチャーエリアです。元気に芝をかけ回る様子を見るたびに、じんわりと喜びが湧き上がります。

希少なトマトを栽培するトマトハウス、日々使う野菜やハーブを植えるキッチンガーデン、家族や友人とお茶やランチを楽しめる小屋、森の庭と名づけた、まるで森にいるかのように感じるエリア、ベリー類を植えた小径、バラやクレマチス、私の好きな草花が咲くコテージガーデンなど、今後整備する庭も含めて18のゾーンができる予定です。
それぞれのエリアでさまざまな花が咲き、ハーブが薫り、草木が茂って、そこにいるだけで幸せな気持ちに満たされそうです。

今後取りかかりたいのは、庭にいながら料理を楽しめるキッチンがあるガーデンハウスの設置。みんなが集える空間があれば、キッチンガーデンで収穫した野菜をすぐに調理して、味わうことができるでしょう。

秋の時代を生きている私にも、冬の季節は必ず訪れます。そのときのために、自分で片付けられるものは片付けて、身軽にしておきたいと思っていますが、庭さえ残せたらいいのではないか？　という心境になってきました。
ようやく形になってきたこの庭は私の集大成。庭があるから、他のものは何も残さなくてもいいのです。

豊かな感性と
行動力を持つ、
それがお母さん！

長兄より

母は数値や根拠を持って判断するというより、直感的に決めているのだなと思うことが多いです。園芸店を始めたときも、綿密に計画して事業をスタートしたというより、「好き」や「こうした方がいい」と自分の感性に従って動いていた気がします。とにかく、いつも全力疾走で、4人の子育てをしながら、たくさんの仕事に取り組んでいました。最近はライフステージが変わり、もう少し自分の生活を楽しんでいるのではないでしょうか。自分の庭を作れる環境になり、仕事よりも生活を楽しめているような気がします。

「やりたい」瞬間に動く母。好機をうかがう僕。根っこは同じ

独創的、研究熱心、止まらない、挑戦する、人を巻き込む、裏表のない直球派。母を形容するなら、こんな言葉が並びます。父や姉、兄、祖父母、親戚や母の友人たちも、同じような印象を持っていると思います。

YouTubeの動画では、母が言葉を発する機会はあえて少なくなるように編集していますが、母が黙々と庭づくりや料理をする映像を見るだけでも、そのエネルギッシュさは充分に伝わるかもしれません。映像に誇張などは一切なく、僕が幼い頃から見てきた母そのものがそこに映っています。

僕が4歳のときに、母は園芸店を起業しました。それまでは主婦として家の中で動き回っていた母が、外へ出て仕事をするようになり、人脈を広げ、北海道内でも有数のガーデナーとして活躍するようになりました。今でこそ夫婦共働きというのは当たり前ですが、当時はまだそれほ

ど世の中に浸透しておらず、友人に「お母さんが家にいなくて寂しくないの？」と言われたことがあります。しかし、自宅のすぐ近くに母の事務所があり、いつでも会いに行くことができたので、少しも寂しくはありませんでした。きょうだいも3人いますし、隣には祖父母の家もあります。母の友人が僕の面倒を見てくれることもよくありました。田舎ならではのあたたかいつながりがそこにはあり、周囲に見守られながら、適度に自由な暮らしを謳歌することができていたので、僕はとても運が良かったと感じています。父の存在も大きいです。母の代わりに掃除・洗濯・料理といった家事をやってくれるようになったのは、わが家において大きな変化だったと思います。

家族や親戚、友人、仕事仲間など、多くの人が支えてくれたおかげで、今の母や僕がいることは間違いありません。

僕は母の背中を見て育ちました。まだ幼かったので母の仕事内容を詳細に理解していたわけではありませんが、個人で小さく仕事を始めて、手の届く現実的な範囲でビジネスを拡大し、自らの手と足を動かして働く姿をずっと見続けてきました。「知識」や「方法論」といった表面的なものではなく、言語化しにくい「仕事への向き合い方」や「自己実現のプロセス」といった本質的なものをこの目で見て学ぶことができたと考えています。ＹｏｕＴｕｂｅ動画や本書の制作過程で、両親や姉兄たちから話を聞く機会を持ち、知ったこともありました。

母は「やりたい」「やってみたい」と言ったことのほとんどを実現させてきました。主婦時代に短大の造園林学科へ通ったり、その後園芸店を起業したり、カフェを始めたりと、枚挙にいとまがありません。２０２０年に園芸店の代表を退任してからは、「自分の理想の花園を作る」と宣言し、自宅の庭づくりを本格的に始めました。母を見ていると「まずはやってみる」という姿勢の大切さがわかります。とにかく行動してみて、その後のことは走りながら考える。もちろん失敗もたくさんありますし、常に考えながら改善していく必要がありますが、簡単ではないからこそ、生き生きと充実した日々を送ることができるのかもしれません。

僕も母と同じように、本当にやりたいことは必ず実行に移すタイプの人間だと自認しています。母のDNAを受け継いだ先天的な要素なのか、母の背中を見て育った後天的な要素なのかはわかりませんが、その点は似ていると思います。ただし、母は周囲に宣言してから実行に移す「有言実行タイプ」であるのに対し、僕はあまり周囲には漏らさず自分の中で大切にあたためて咀嚼してから実行する「不言実行タイプ」です。

ベクトルは違いますが、考え方の根本が似ているため、母がさまざまなことに自信を持ってチャレンジしていく気持ちには強く共感できます。やりたいことに対するアプローチが違うだけであり、その点を親子でお互いに認め合っていると思います。

祖母のはじめまして

お気に入りの帽子をかぶって庭を散歩。

はじめまして。

ＹｏｕＴｕｂｅチャンネル『北国の暮らし』に登場する、Ｋｕｒｏの祖母です。

今、92歳の私は三重県にあるお寺の娘でした。実家の近くに住んでいた知り合いのご縁で北海道の小さな町で商店を営む男性のもとへお嫁に来ました。

３人の娘を育てた後は、夫婦でふたり暮らしを続けてきましたが、夫が脳梗塞を患い、車椅子の生活になりました。自宅介護が難しくなったため、やむなく夫は介護施設で暮らすことになりました。

そんな私が、孫のＫｕｒｏのＹｏｕＴｕｂｅに初めて登場したのは89歳のとき。

自分が動いている映像を「世界中の人が見ることができるんだよ」とＫｕｒｏから言われたときは本当にびっくりしました。

動画では、庭を散歩したり、木陰のベンチで休んだり、カメラを持って花の写真を撮ったり、料理をしたり、ピアノを弾いたりする私の姿が紹介されています。

視聴者の方から「大好きなものに囲まれる暮らしが素敵」「足腰がしっかりしていてすばらしい」「こんな老後を過ごしたい」などの嬉しいお声をいただいていますが、これはＹｏｕＴｕｂｅで公開される前からやってきたことです。

私にとっては、日常のひとコマに過ぎません。

見知らぬ土地に嫁ぎ、慣れない環境に涙で枕を濡らした夜もあります。長い人生の中でさまざまなことを経験しました。ＹｏｕＴｕｂｅではお伝えしきれていないこともたくさんあります。

この本では、日々の暮らしの中で、気づいたことや楽しんでいること、心がけていることをご紹介していきます。

それらの中から、皆さまが真似できそうなことを取り入れてくだされば嬉しいです。

お会いしたことのない方々が、本を通して、私の日常のあれこれを参考にしてくだされば、それはとても素敵なことだと思います。

Ｋｕｒｏの祖母

story Ⅲ 祖母のこと

好きなものと暮らしています

玄関にも好みのものを置いています。

今の住まいに引っ越してきたのは、50年以上前になります。それまでは同じ町内で、大姑や姑、小姑、住み込みの店員、お手伝いさん、子守など10人を超す大所帯で暮らしていました。

北海道の冬は、厳しい寒さの屋外と、半袖で過ごせるほどあたたかい室内、というイメージを持つ方が多いでしょうが、それはごく最近のことです。嫁いだ当時の北海道の住宅には断熱材や二重窓はなく、大所帯の家の中でもストーブがあるのは居間だけでした。

だから、店舗と住居を分ける計画が持ち上がったときは、あたたかい家にしたいと思いました。家の設計中は「どんな間取りにしようか」「居間は日の当たる明るくてあたたかい部屋にしたいね」など、毎夜夫と図面をひきながら相談し、本当に楽しく幸せな時間を過ごしました。夢にまで見た新居での親子水入らずの生活も嬉しかったです。

家具にはこだわりました。私の両親は大正8年から昭和2年まで西本

YouTubeにも登場している
置き時計。

願寺の開教師として約10年間ハワイに滞在し、帰国してからも現地から持ち帰ったベッドや彫刻が美しい鏡やドレッサー、緑のベルベットのチェアなどを使っていました。暮らしの中に溶け込んで、子ども心にも素敵だなあと思っていたことから、洋風のクラシカルな家具を置きたくて、老舗百貨店の家具を少しずつ買い揃え、今も愛用しています。最初に自分が満足できるものを選んだら、ずっと何十年も楽しめます。

家具が家に届いたら、まずは、テーブルの裏など見えないところに墨で年月日を書くようにしています。そうすれば、いつ買ったかわかりますし、買った当時のことを鮮やかに思い出せます。今も、昭和43年の置き時計や平成4年のテーブルなどを使っています。ずいぶん長い期間、この家でいっしょに過ごしているんだと思うとしみじみします。

通信販売のカタログも大好きです。Ｋｕｒｏの母である娘からは、「このカタログは、行かなくても買えるお母さんのデパートだね」と言

絵を飾ったら殺風景なトイレの壁が素敵な空間に。

カシニョールの女性画。

われますが、この一冊の中に、家具も食器もアクセサリーも紹介されており、カタログを見ているだけで楽しく、時間が経つのを忘れて眺められます。モネのひなげしの絵が美しい楕円形のお盆や、ゴールドの壁掛けの鏡、木彫りの小箱、弦楽器のハープをかたどったブックエンドなど普段使いできる小物類は、家具とマッチするものにしたいと思い、英国の通販カタログから見つけました。

どの品も、考えに考えて買うから、お買いもので失敗したと思ったことはありません。実際、どれも美しくて、造りがしっかりしているから、今までずっと使い続けています。

家の中に絵や写真を飾るのも好きです。YouTubeの動画で映ることの多いリビングの窓際に飾ってある女性の絵画は、フランスの画家・カシニョールの作品です。ちょっと大きなサイズだから、こういうところにあると映えるんじゃないかしらと思って飾りました。

絵が好きなので、トイレの壁にも作家の小品などを並べ、プチギャラリーとして楽しんでいます。5センチほどの小さな絵や絵はがきは大きめの額縁に収めると驚くほど見映えがします。ひとり暮らしでも、美しくて好きなものに囲まれていると心まで豊かになります。

とにかく
おしゃれ!
おばあちゃんは
センスの塊

次兄より

僕が生まれて以降、50代からの祖母しか知らないけど、子どものときからしゃれたおばあちゃんだなぁと思っていました。持ってるものはもちろん、生き方自体にセンスがあるような気がします。

お買いものが大好きな祖母の家に行くたびに、ものが増えているのはご愛嬌かな。「また、買ったの?」と聞くと、「そうなのよ~」と満面の笑みで答えます。いろいろ買っているけど、全部大切に使っていて、「どれも捨てられないの」と言っているのも祖母らしいです。

着る服を選んで身なりを整えると気分が高まります

年を重ねても、おしゃれしていたい気持ちはずっと持っています。お出かけするときはもちろんのこと、家の中で過ごすときも庭を散歩するときもおしゃれを楽しめたら素敵です。

明るい色の服を着た方が気分的に明るくなるから、色にはすごく気を配っています。好きな色は赤やピンク系です。若いときは肌にくすみやシワがないので黒・茶・グレーといったシックな色が似合っていました。でも、年を取るとシワが目立ち、肌の色つやもなくなるので逆に明るい色が似合うように思います。

普段は1年を通して袖なしのロングドレスに、ストレッチ性のある長袖のTシャツを着ることが多いです。ロングドレスはウエストを締めつけないのでとても楽な着心地です。Tシャツは20年、あるいはそれ以上前に購入したものも愛用していて、赤、青、白、ピンク、カーキ、パープル、ベージュなど、とりどりの色のものを10枚ほど持っています。T

フェリシモで購入した
ワンピースを着て。

シャツはシンプルで流行もなく、何度洗っても型崩れもないですし、色褪せないのでとても重宝しています。

靴は、腰痛で腰を曲げられないので、立ったまま脱ぎ履きできるかとの低いパンプスに決めています。

YouTube動画で着ているローズカラーのロングワンピースは通販会社フェリシモで取り寄せました。孫娘が「フェリシモって面白いよ」とカタログを見せてくれて、素敵なワンピースがあることを教えてくれたのです。若い女性向きのブランドだと思いますが、年齢に関係なく好きな服を着て楽しむようにしています。同じデザインで、ローズ、ライトグリーン、ライトグレーの3色を気分に合わせて着ています。少し厚手の木綿なので、スリーシーズン着られるのも良いですね。

着るワンピースが決まったら、中に着るTシャツや靴下、靴を選んでいくことにしています。ちぐはぐな格好にならないように、全体的な色のバランスを考えて選ぶことを心がけています。
孫が遊びに来ているときは「どの色がいいかしらね?」とアドバイスをもらうことも。「おばあちゃん、ピンクが似合うね」などと言われると嬉しいものです。

人にお会いするときは、おしゃれにいつも以上に気合いを入れるのも楽しいです。私はアクセサリーが大好きで、イヤリングで耳もとを飾るときも、ピンクのワンピースなら、ピンク色のクラシックなイヤリング、といったように、服装に合わせて選ぶようにしています。

お肌のお手入れは、お水で顔をサッと洗って、オールインワンクリームを顔全体に塗っておしまいです。
洋服もお肌のお手入れも1日の自分をスタートさせるものでしょう。これからも楽しむつもりです。

おばあちゃんとは世代を超えて、おしゃれ談義！

姉より

祖母はＴＰＯに合わせて、いつもおしゃれな着こなしをしていて質の良いものを知っています。あるとき、真っ赤なタートルネックのセーターを着ていたので、「どこで買ったの？」と聞くと、「これは30年前にデパートで買ったの」と。長く大切に着ていることに感心しました。フェリシモの服は自分のものを注文するついでに、なにげない気持ちで紹介したのですが、ある日気がついたら祖母も購入するようになっていました。興味心をくすぐられて、買ってみたくなったのだと思います。

Kuro語録

装うことの大切さ、実感しました

ある日の撮影中、赤いエプロンを身につけたら、カメラ越しにも祖母の動きがアクティブになり、表情が明るくなったと感じたことがありました。身につけるものの力を感じた瞬間でした。

食事に
気を配るのは
自立して
暮らすため

私はあまりからだが強くありません。胃腸が弱く、痩せっぽちでした。国民学校、今で言う小学校の卒業式は体調を崩して出席できませんでした。心配した母から「あなたは、からだが弱いから、栄養の勉強をしなさい」と言われ、短大の生活科で栄養士の免許を取りました。

もう、だいぶ昔のことになってしまいましたが、当時学んだことが今の食生活の役に立っているからありがたいものです。

人生100年時代ですが、元気で自立した生活を送るためには何よりもまず3度の食事だと思います。私のように90歳を過ぎると以前のようにたくさん食べられません。タンパク質の多い食品を中心に、量より質を考えてバランスよく、好き嫌いなく、よく嚙んでいただくことを心がけています。少量でも朝昼晩欠かさず、何か食べます。

好き嫌いのない私ですが、食の好みは変わってきました。刺激の強いものや辛いものは食べられなくなりました。結局、食べ慣れた和食が今の私にいちばん合っています。

普段の食事は、自分でキッチンに立って作っています。腰痛持ちで10分もしないうちに腰が痛くなってくるので、できるだけ短時間で簡単においしく作るということをモットーにしています。

朝は、手間がかからず、ほとんどの栄養分が摂れる味噌汁を必ず作るようにしています。材料はいろいろで、残りの野菜も無駄なく使います。野菜の他に必ず入れるのが鶏肉や豚肉、それに魚介類など動物性のタンパク質です。他にちくわ、はんぺん、お豆腐、油あげ、きのこ類、海藻など、バランスを考えながら7〜8種類使います。

ごはんは、あまり多くは食べませんが、雑穀米にしています。

おかずは茹で卵を使うことが多いですね。半熟ぐらいに茹でた卵を半分に割って、海苔の佃煮を乗せたり、黒ごまをかけてちょっと味を付けたりします。海苔の佃煮は、ちょっとしょっぱいから、茹で卵と合わせて食べるとちょうどいい塩梅《あんばい》。それ以外にも、ブロッコリーやフルーツ3〜4種類を盛り合わせています。朝ドラなどを見ながら、40〜50分かけて食べ終わるのが長年の習慣です。

13時頃にいただくお昼ごはんは、栄養バランスを重視しています。豆乳バターを塗った雑穀のおせんべい2枚とヨーグルトを食べることも。ヨーグルトには甘酒やきなこ、甘みを控えめにしたゆであずきを入れます。バナナや、リンゴ、柿など旬の果物もいただきます。

夕食は19時を過ぎてから。朝作ったお味噌汁にごま油や牛乳を入れるなどちょっと変化を付けています。そうすれば、1日に2回お味噌汁を作る手間も省けるし、飽きません。それと、卵とブロッコリーの炒めものといった卵料理をチャッチャッと作ります。ごはんとおかず一品とお味噌汁の組み合わせをゆっくり味わいます。

間食は3度の食事に響かないように午前と午後の2回、ミックスナッツの他にゴマや雑穀入りのおせんべいをいただきます。以前はポリフェノールを含むチョコレートがからだに良いと聞き、毎日おやつに食べていました。でも、血液検査で血糖値が高く、お医者さまから糖尿病予備軍だから甘いものは控えるようにと言われ、大好きなチョコレートは極力控えることにしました。

栄養でもって、からだは作られているから、やっぱり栄養がいちばん大事だと考えています。それから、彩りにも気を配っています。料理の乗ったお皿を見て「きれい」と感じたら、OKにしています。

見ておいしい、食べておいしいを実感しながら、毎日の食事を味わうのが良いことだと思います。

庭の散歩や室内でのちょこちょこ運動。こまめにからだを動かします

ＹｏｕＴｕｂｅの動画では、庭を歩く私の姿がよく映っていますが、雪が積もっている冬や雨の日以外は、毎日庭に出るようにしています。以前のように速く歩くのは難しくなってきました。

今にも倒れそうだ、と思うこともありますが、杖は苦手です。いつか雪の日でしたが、ふらついた足が杖に触れて、２〜３メートルも杖が飛んでいってしまったことがあったのです。近くに人がいたら大変な事故になっていたかもしれず、あのときは本当に肝を冷やしました。それ以後、杖は使わないことにしました。転ばないように一歩一歩気をつけながら歩くようにしています。

庭に出るときは、ポケットの中にレコーダーを忍ばせています。虫の声や鳥の鳴き声、風が草木を揺らす音を録音して、家に帰ってから聞きます。あのとき私だけが聞いた音を、時間を経て聞けるなんて、とても素敵でしょう！　ささやかだけど、日常への愛おしさが増していきます。

娘が作っている庭の変化を見るのも、庭を散歩するときの楽しみのひとつです。娘の花の選び方はセンスがあるなぁといつも感心します。娘が庭で作業をしているとき、ちょっとおしゃべりするのも楽しみです。空の下だと気持ち良いです。疲れたら、木陰に置いてあるベンチに腰かけて、庭を眺めるのですが、目線が変わると、また違う発見があります。庭はどのゾーンもそれぞれに良さがあるので、お気に入りの場所をひとつに絞るなんて私にはできません。何も手を加えていないからこその良さがあるのではないでしょうか。庭を散歩するたびにそう思うのです。

日常生活の中では、からだをなるべく動かすようにしています。少しお行儀が悪いかもしれないけど、ソファの肘掛けに片足を乗せて股関節を伸ばす運動やキッチンの流し台を使っての腕立て伏せ10回などは、思いついたときにサッとできるので継続しています。

背伸びは壁や柱に頭と背中をぴったりつけて行います。つま先立ちと前屈も行います。それに全身の骨が丈夫になるというかかと落としを30回ほど毎日続けています。

座っているときは、強めに足踏みして脚に刺激を与えます。

夜、ふとんの上では足を上げたり下げたり横倒ししたり、ベッドの頭の上の柵に手をかけて寝ながら懸垂したり、自分流に考えながら全身を動かすようにしています。

入浴中は、町のいきいき脳元気教室で習ったパタカラ体操（口と舌を鍛える運動）などを続けています。場所をとる健康器具は処分しました。

毎日、できるだけからだを動かすこと、面倒くさがらないことが元気の秘訣です。わざわざ時間を作って運動するよりも、ちょっと空いた時間に、ついで感覚で運動する方が私には合っています。

祖母流
思いついたらちょこちょこ運動

ずっと動けるからだでいたいので、ちょっとしたときにエクササイズのようなことをしています。ソファの肘掛けに片足を乗せて、もう片方の足を伸ばすのもそのひとつです。股関節がグーンと伸びて気持ちいいです。

室内で
工夫して
気軽にサッと
ストレッチ

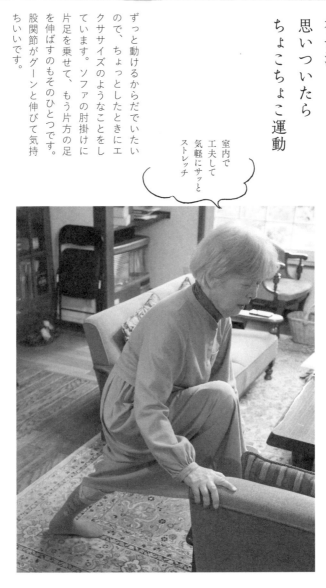

背伸び

壁に背中とかかとをぴったり付けて、深呼吸しながら両腕を上げていきます。やる時間や回数は決めていません。座りっぱなしなど同じ姿勢が続いたときにやるのがおすすめです。道具を使わずにできるのが良いでしょう。

前屈

背伸びとセットでやるのが前屈です。背伸びをした後に、両腕をゆっくり前に降ろしながら、股関節からからだを前に倒していきます。お尻からかかとまでは壁に付けたまま。壁があるので、よろめきにくいです。

かかと落とし

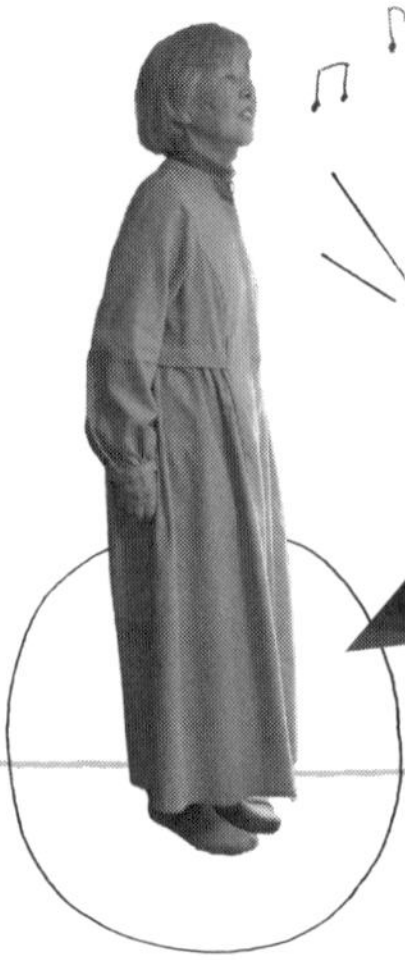

かかとを上げて少し背伸びした状態から、かかとを勢いよく床に落とすかかと落としは1日30回。「1、2、3、4、……」と数えながら行います。簡単そうに見えて意外ときつい運動ですが、終わった後は爽快感があります。

腕立て伏せ

キッチンカウンターもエクササイズのマシンになります。食事の準備中などちょっと手が空いたタイミングで、カウンターに両手を置き、からだを少し斜めにして、腕立て伏せ。連続10回やることにしています。

座って足踏み

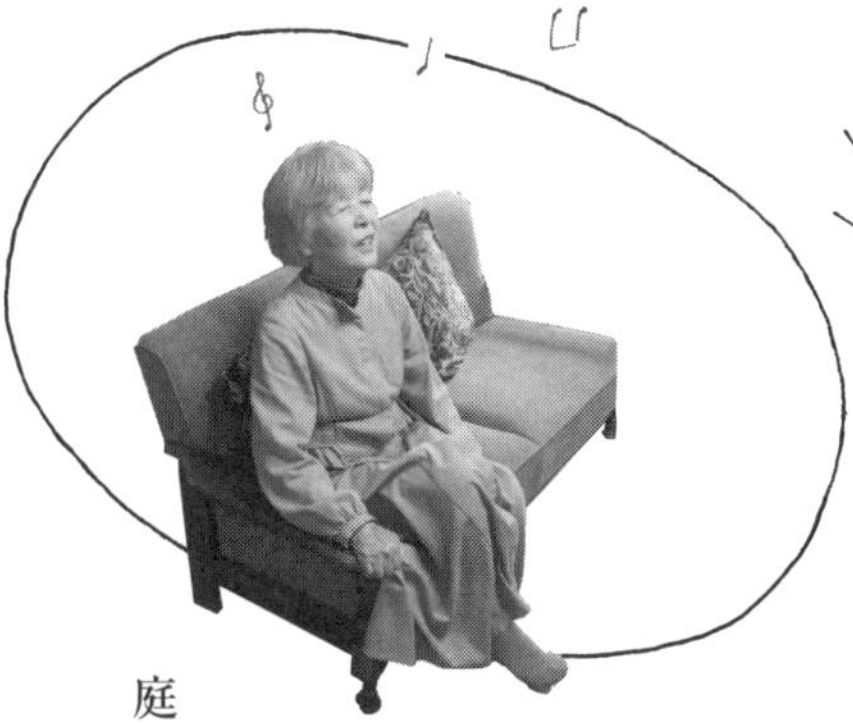

ソファに座ってテレビを見ているときは、ちょこちょこ運動の絶好の機会です。よく行うのは足踏みです。足を動かしていると、血行が良くなってポカポカしてきます。足踏みのほかに、足を回したりすることもあります。

庭の散歩

室内でのちょこちょこ運動に加え、庭の散歩もいい運動です。
全身を動かし、美しい花や木を見て、虫や鳥の声を聞いて、葉っぱを触って。
さまざまな感覚を研ぎ澄ませることは健やかさにつながっていると思います。

夕方17時は、ピアノの練習。弾いていると前向きな気持ちになります

先日、わが家にいらっしゃったお客さまの前でピアノを弾きました。「人前で弾いたことがないから緊張する」と言ったら、孫のＫｕｒｏに「何言ってるの、おばあちゃん。ＹｏｕＴｕｂｅで何百万もの人が見てくれているんだよ」と笑われました。そんなにたくさんの人が見てくださっているなんて、今でも不思議な感じがします。

ピアノに魅せられたのは高校2年生のときでした。放課後の音楽室から、毎日のように美しい音色が聴こえてきたのです。曲はベートーベンの『月光』『エリーゼのために』やモーツァルトの『トルコ行進曲』でした。弾いていたのは上級生の女の子で、憧れを抱いていました。

それで、いっしょに聴いていた親友とふたりで、町に住んでいたピアノの先生のもとへ「教えてください」とお願いに行きました。先生からは「バイエルという教本を最初にやります」と言われたのですが、とにかくすぐに、『エリーゼのために』を弾きたかった私たちは、楽譜を買

ピアノの練習中。

って、「これ、やりたいです」と先生に宣言しました。今思い出すと、心臓の強さにびっくりします（笑）。先生には叱られたけど、あきらめきれなくて……。結局、バイエルを習いながら、『エリーゼのために』も教えていただきました。でも、短大受験があるから1年もしないうちにやめてしまって、それ以来ピアノからはずっと遠ざかっていました。

次にピアノに触れたのは約40年前です。主人の妹のお友だちが不要になった古いピアノを持っていると聞いて、中古で買いました。それがＹｏｕＴｕｂｅにも登場するピアノです。このピアノがわが家にやってきて、ピアノの先生に教えてもらったこともあったけど、自己流で弾いたり、弾かなかったりという感じでした。

でも、孫たちがピアノを習って、発表会で披露している姿を見て、もう一度ちゃんと習おうと奮起したのです。

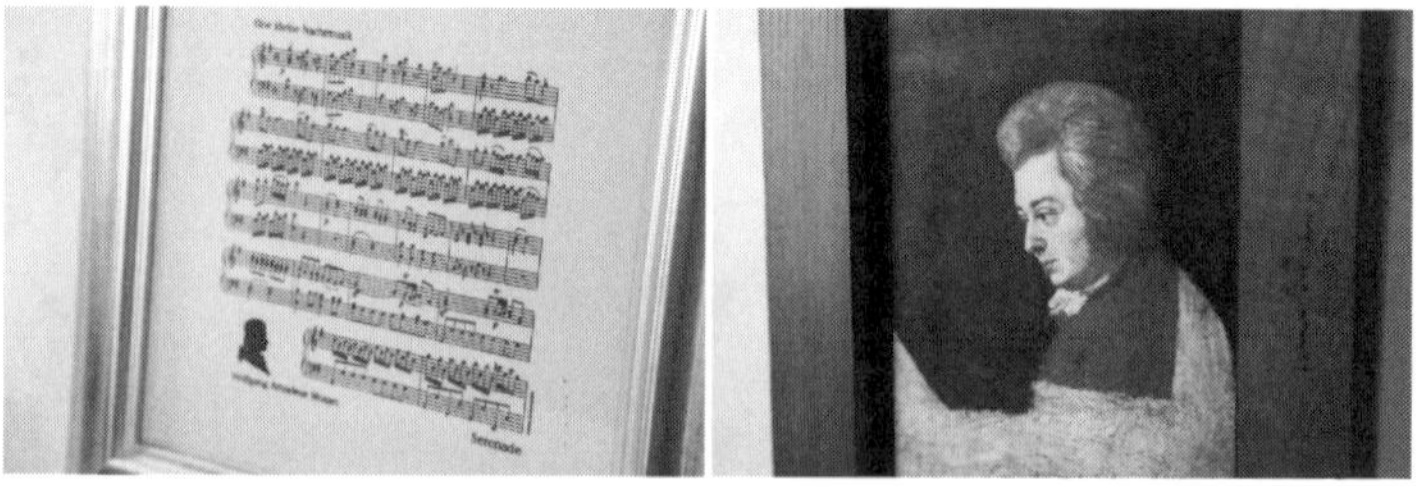

モーツァルト好きになって75年超。

近くでピアノ教室を開いている先生におそるおそるお願いをしたところ、家まで出張して教えてくださることになりました。レッスン初日、私の好きな曲や弾いてみたい曲を伝えたところ、先生は「もちろんいいですよ。好きな曲をお稽古しましょう」と私のわがままを聞き入れてくださいました。レッスン後、先生と音楽の話や日常のことなどを話すのも楽しみで、週1回のレッスンの日が待ち遠しかったです。

ただ、夫の自宅介護や新型コロナウイルスの流行などでレッスンは途絶えてしまって……。やさしい曲を30曲ほど習いましたが、そのうちの10曲を今も弾いています。

私は楽譜が読めないので、耳で聴いて指で覚えています。ピアノの練習は毎日夕方。1日サボると勘が鈍るから、とにかく弾こうと決めていて、17時ぐらいになるとピアノが恋しくなってきます。

最初に弾く曲は『トルコ行進曲』です。手をいっぱい広げて力強く弾いたり、速く細かく指を動かしたりすることを求められるので、私にとっては難曲なのですが、私が初めて耳にしたクラシック音楽。この曲をきっかけに、モーツァルトが大好きになったという思い出の曲ですから練習を欠かせません。

とにかく無心で『トルコ行進曲』をはじめとするレパートリーの10曲を30~40分かけて弾いているうちに、自分の弾くピアノの音色が全身に響いて、しだいにからだがあたたかくなり、指先もあたたまってくるのを感じます。手にツヤが出てきて、楽しい気分に満たされていきますし、指先を使うので頭の体操にもなっていると思います。これも、健康維持のひとつになっているような気がします。

夕方ですから疲れている日もありますが、ピアノを弾き始めると、どんなに疲れていても元気が戻ってきます。何かひとつでも好きな趣味を持っていると、生涯心の支えになると実感しています。

新しい世界が開けるので、おしゃべり大好きです

娘や孫たちと会話をしているときは、脳内が忙しく動き回って、あれも言いたい、この話も伝えなくてはと、次から次へと言葉が出てきます。話が長いと言われますが、昔から、おしゃべりは大好きです。

2024年の春から週に1回、町が主催する脳元気教室に通っています。簡単な計算ドリルなどは集中力が必要で、頭の運動になります。文や詩の朗読もします。昔流の「読み書きそろばん」はいつの時代も大切で、脳の活性化に大いに役立っていることがわかります。その証拠に、これらが終わると、参加者の皆さんが生き生きとした表情になり、楽しいおしゃべりが始まるのです。保健師さんたちと年齢を忘れて会話するのも、教室通いの楽しみのひとつです。

宅配業者の方とも顔なじみになります。宅配の方に「お仕事、大変ですね」と言うと、「配達先の荷物をトラックの中に配達順に効率よく並べないと指定の時間内に配達できないので、早朝出勤しています」と教

えてくれました。配達してくれる人がいるから、生活していけるのですもの。本当に感謝しかありません。

おしゃべりは、新しい世界への扉を開けてくれます。

好奇心が
おばあちゃんの
生命エネルギー！

姉より

祖母は、昔から機転が利きます。窃盗事件で警察の聞き取り調査を受けたときは「この人本当に警察かしら。これは怪しい」と咄嗟《とっさ》にレコーダーで録音していたそうです。

おばあちゃんの
優しさに
支えられたことも

長兄より

多感な学生時代は何度も祖母の優しい言葉に支えられました。どんな意見も、考えも、否定することなく、すっと受け入れてくれるのです。だから、きっと家族全員が祖母のことを大好きなのだと思います。

両親・夫に愛され、守られてきました

私の実家はお寺です。両親は西本願寺の開教師としてハワイ・ホノルルのモイリイリ本願寺に滞在し、日系人のための布教活動をしました。父は布教のほかに資格を得て、日本語の教師も勤めました。母は子育てをしながら車の免許を取り、サンデースクールを開き、女学校で習得した裁縫や作法などを教えて、日系人から大変喜ばれたそうです。大正12年の関東大震災の際は、ハワイの人たちから救援物資を集め、大きな袋に入れ、山と積んで船便で送り出したと聞きました。今でもそのときの写真が残っています。父も母も、若い日々の活躍が長い人生の中で最も輝いていたと私たちに聞かせてくれました。日本に戻り、私を含め10人の子どもを教育し、食べさせて、育ててくれたことに感謝しています。

母親からはずいぶん影響を受けています。母は好奇心旺盛でチャレンジを恐れない人でした。お寺の仕事のほかに保育園もやっていて、忙しかったはずなのに、庭に咲いていたお花を摘んで生けることや、短歌や俳句を詠むことを楽しんでいました。音楽も好きで、いろいろな楽器を奏でていました。私の音楽好きは、母の血を受け継いでいるのでしょう。あまり考えたことがなかったけれど、私や娘、孫たちのやりたいことがあったら、躊躇《ちゅうちょ》しないところも母と同じかもしれません。

そんな母が、娘の結婚相手にふさわしいと思ったのが夫です。あの頃はお見合い結婚が当たりまえで、好きも嫌いもありませんでした。

母とふたりで、お見合いのために三重から北海道まで36時間かけてこの町に来たとき、駅のホームで出迎えてくれたのは半纏《はんてん》を着た男の人。それが夫との最初の出会いでした。スーツにネクタイ姿のお見合い写真とはまるで違う出で立ちに動揺し、「なんて遠いところなんだろう」と泣きたい心境になったことを今でも覚えています。

結婚の決め手となったのはりんごです。母と彼と彼のお姉さんと札幌見物に行った帰り、皮も剝いていないりんごを彼が私にひとつ手渡してくれました。「どうやって食べよう?」と困っていたら、彼はそのりんごを私から受け取り、食べやすいように、ひと口食べて私に差し出したのです。初めての出会いに半纏姿で現れた彼を気取りのない誠実な人柄だと褒めたたえていた母は、なんとか私にりんごを食べさせたいという彼のひたむきな一念にすっかり降参してしまったのです。彼のくれたりんごと半纏が取り持つ縁で、私は嫁いできたのでした。

あれから69年、母の目には一分の狂いもなく、夫は誠実な人柄で、家族や従業員、そしてその従業員の家族も含め大事にし、誰からも慕われ続けました。お酒もたばこもたしなまないし、大事な決断をするときは瞬時に判断します。そういうところが本当に立派で、尊敬しています。

最近になって「よく俺のもとに嫁いで来てくれたなあ」と言ってくれました。この年になって初めて聞いたひと言に、見ていてくれたのだと胸に熱いものが込み上げました。私は幸せものだなと思いました。

おじいちゃんと
おばあちゃんの
出会いのエピソード、
素敵！

姉より

家族思い、
新しもの好き。
どちらも
受け継ぎました

次兄より

祖父は代々続く商家の跡取りで、そのお見合い相手が本州からやってきた祖母でした。そのときの写真を見ると、祖母は真っ赤なケープをまとっています。とても美しく、モダンな佇まいで目立っていたようです。祖父は今でも祖母のことをいちばんに考えていますが、このときから気持ちが変わっていないのだなと感じます。

祖父は先祖や家族、従業員を大事にする人でどちらかというと保守的な考えを持っている一方、祖母は好奇心旺盛です。正反対だけど、それがちょうどいいバランスなのかもしれません。
祖父祖母のお互いを認めあっている点や祖母の前向きな精神は母や僕たちにも引き継がれていると思います。

私のカメラ人生の集大成、写真集の出版が夢です

自宅の2階は今、写真ギャラリーになっていて、私が撮影した孫たちの写真や風景写真などをプリントして、額に収めて展示しています。この家で暮らすようになると、レース編みや刺し子、人形づくりなど興味のあることは何でもやってみました。カメラもそのひとつです。

3人の娘たちが巣立った後、夫とふたりだけの寂しい暮らしが続いていたある日、新聞を読んでいると『やさしいカメラ教室』の文字が目に留まりました。札幌にある北海道新聞で教室をやりますというお知らせに「これだ!」とピンと来ました。

当時コニカの小さなカメラを持ち、自己流で撮影をしていました。もっと上手に撮るコツを知りたいから、ちゃんとした先生につきたいと思っていたのです。それで週に1度のペースで、1年半ぐらい、初級と中級コースの教室に通うことにしました。

教室は本当に楽しかったです。生徒さんも同じ目的、共通の趣味で通

2階のギャラリー。

写真はジャンルごとに整理整頓。

っているから話が合うのです。皆さん、立派なカメラを持ってきていて、びっくりしました。私は、一眼レフという言葉も知らなかったのです(笑)。皆さんの持つカメラを見ていたら、私も欲しくなって、先生の「ニコンがおすすめです」というアドバイスを受けて購入しました。そのとき買ったニコンF3は、今でも宝ものです。

最初に撮影したのはかわいい仕草をする幼い孫たちです。孫が無心に遊ぶ姿も今のうちだと思い、たくさん撮影しました。教室で発表すると、先生から「視点がとても良い」「孫に対する愛情が伝わってくる」など と大変褒められて、嬉しくて！ いくつになっても褒められると自信につながります。生涯の趣味にしたいとまで思うようになりました。

孫たちの赤ちゃんの頃からの写真は、まだ整理できていなくて、収納箱に入れたまま。時間を見つけては、整理しているのだけど、整理しながら写真を見ていると、「懐かしいなぁ」と手が止まってしまいます。

試行錯誤して撮影した『夕暮れの花』。

孫たちが成長した後、夢中になったのは美しく咲く花の撮影でした。いちばんの思い出は写真道展第一席文部大臣賞をいただいた『夕暮れの花』と題した写真の撮影です。自転車に三脚とカメラを載せて出かけた公園の水辺で、アヤメの花が夕日に照らされ、凛とした姿で咲いているのを発見して、心が動きました。構図を考えて、三脚を立てて、ちょっとでも風が吹くとぶれるから、息を凝らして風が止む一瞬を待って、シャッターを切りました。夕陽の残光がアヤメを照らして、逆光が花と葉を透す神々しい姿を撮るまでかかった日数は3日間。自然の中で咲いている花を撮りたくて、ようやく捉えた一瞬でした。

その一瞬を永遠に見ることができるから、私は写真を撮ることに惹かれるのだと思います。愛おしい瞬間を記録に残したくて、たくさん撮っています。

カメラの世界も、ずいぶん変化しました。重くて大きなフィルムカメ

大切に保管している
愛用のカメラ。

ラは徐々に消え、今はデジタルカメラが主流です。フィルムを手に入れることも難しくなってしまいました。

いろいろな夢をかなえてきたけれど、まだかなえていない夢もあります。それは、今まで撮りためた写真を写真集にすること。

実は、70歳の古希のときに作ろうと思っていたけど機会を逃してしまって、80歳の傘寿こそ実現しようと思っているのに、できなくて……。

次の目標は人生最後の区切りとして、100歳になったときに写真集ができればいいなあと思っています。どんどん先延ばしになってしまっていますが、夢を長く持つことは意外に長生きにつながっているかもしれないと思うようになりました。

つい先日も孫が「おばあちゃんは元気で100歳まで生きられるよ」と言ってくれました。それまで夢だけは持ち続けたいと思っています。趣味を持つことと、夢の先延ばしは長生きの秘訣だと思います。

見たこと
聞いたこと
感じたこと
すべての記録は
生きた証

毎日の習慣のひとつが日記です。中学3年の頃から書き始めました。成長とともに書く内容は変わっていきます。人生は一度きり、そう思うと1日1日が愛おしくなります。書き留めておかないと、記憶はいつか忘却の彼方へと消えていきます。私だけが感じたことを記録しておきたい、誰かに伝えたいという気持ちがあるのです。大げさかもしれませんが、せっかく人生を送ってきているのにどんどん忘れていくのがもったいない気がして、暮らしの中で感じたことをノートに書いています。

ちゃんとした日記帳の体裁になっているのは苦手で、好きなだけ書けるリングノートに書くのがお気に入りです。書くときは書き心地のやさしいB鉛筆です。ノートには、何でもかんでも貼り付けます。夫や娘の書き置きのメモ、外食した店の箸袋、綺麗なお菓子の包み紙、孫の落書き、外国産の果実酒のラベルなど。いちばん多いのは新聞の切り抜きです。不用で捨てられるものばかりですが、年数を経てみると、当時のこ

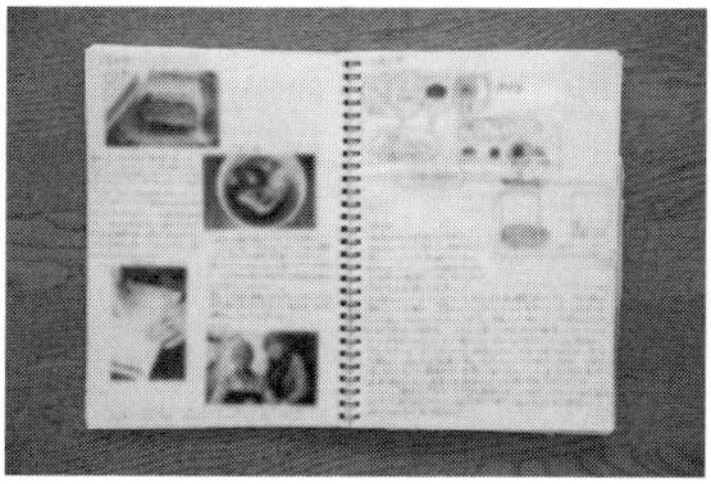

日々のさまざまなことを
書いている雑記帳。

雑記帳は年ごとに整理して収納。

とが即座によみがえって、二度と手に入らない貴重なものに見えてきます。日記帳というより、私のそれは雑記帳といった方がいいかもしれません。過去に書いた雑記帳にはそれぞれ通し番号を振ってあり、番号を確認したところ、全部で75冊ありました。

自分で書いた古い日記ですが、読み返すと楽しいです。「こんなことがあったな」「このできごと、みんなで笑ったなあ」なんて読みながら、当時を思い出して退屈しません。読みふけることもあります。

私はとにかく記録や保存することが大好きです。娘や孫たちが小さい頃は、紙とペンをポケットに入れて、面白いことやかわいいことを言ったときはその場でサッとメモしていました。日記に書くまで時間が空くのが惜しかったし、忘れることもあるでしょう。ある程度の数になったら、それぞれの語録集を作ったこともありました。

自分とは直接関係のないものごとでも保存しておきたい気持ちは変わ

棚にはビデオカメラの
録画テープがぎっしり。

りません。消えゆくものに愛しさを感じるのです。

それで、小学校がどんどん廃校になっていく、鉄道が廃線になるという新聞記事を見ると、切ない気持ちが高まって、夫に車を運転してもらい、写真を撮りに行ったこともありました。

テレビ番組を録画したＶＨＳやラジオ番組のカセットテープ、友人や親戚からの年賀状なども捨てられなくて……。私にとってはどれも大切なものばかりです。

きちんと分類をして、タイトルを書き、一目でわかるように整理しています。そこまでする性分なのです。家の中でそういうことをするのが好きです。


どんなものであれ、形になったものの背景にはそれを作った人がいるでしょう。形にするために一生懸命知恵を絞って作り出した名も知らぬ人がいること、完成させるまでに費やした時間などいろいろなことを想像したら、感動して、全部愛おしくなるのです。

娘たちには「本当に大事なものだけ残して、後は処分して」と言われるけどできません。「私が死んだら好きなようにして」と伝えています。

祖母の雑記帳より

『敬老の日』平成7年9月14日

三男の孫（Kuro）が夕方元気良く「おばーちゃーん」とやってきた。

兄のお下がりのリュックを背負っている。「敬老の日のプレゼント持ってきたよ」と、保育園で描いたおじいちゃんとおばあちゃんの顔の絵をプレゼントしてくれた。

何故かおじいちゃんの顔が一回り小さく描いてある、それを見た主人「年取っておじいちゃんの顔しぼんでしまったかな。」頓智を利かせた一言に、孫と大笑いした。

孫は三角形の赤い小さなリュックから、保育園でもらった、おかき、あめだま、バウムクーヘン、せんべいを取り出し、「みんなで半分こしようね」とかわいいこと。

主人64歳、私63歳。4歳の孫から初めてもらったプレゼントに、いよいよ老人への仲間入りを自覚させられた敬老の日であった。

『捨てられないもの』平成9年5月23日

新聞の投稿欄に「捨てられない青春時代の服」と題して、「今日こそ捨てよう、そう思い立ったが捨てられない。この服もあの服も、みんな私の青春時代の履歴書なのだから」とあり、いたく共感。服だけでなく私には、捨てられない小物類もいろいろある。他人から見ればただのガラクタでも、私にとっては二度とない若き日々の「心の遺産」なのだから。

新聞コラムの音読は、口も頭も使います

夫が介護施設で暮らすようになって、話し相手がいなくなると口を動かす機会がめっきり減ってしまいました。

娘や孫が来たとき、生協や宅配の方が荷物を届けてくれたとき、それから美容院などに出かけたときしか話さないでしょう。それも、一言二言会話を交わすぐらいの場合がほとんどです。こんなにしゃべらない生活を続けていたら、しだいに呂律《ろれつ》が回らなくなり、はっきりものが言えなくなっていくのでは？　と不安を感じていました。

毎日必ず新聞を読む私は、新聞の一面の下にあるコラムの音読を思いつきました。２０２４年４月から毎日取り組んでいます。これなら、休刊日以外は毎日できるでしょう。知らない言葉や新しい言葉も出てくるけれど、新聞を読んでいたら、だいたいわかります。文字数は約５４０字で、音読の平均時間は約３分30秒。文章を理解しながら読みます。

朝ごはんを食べて、ちょっとくつろいだ後が私の音読タイムです。音

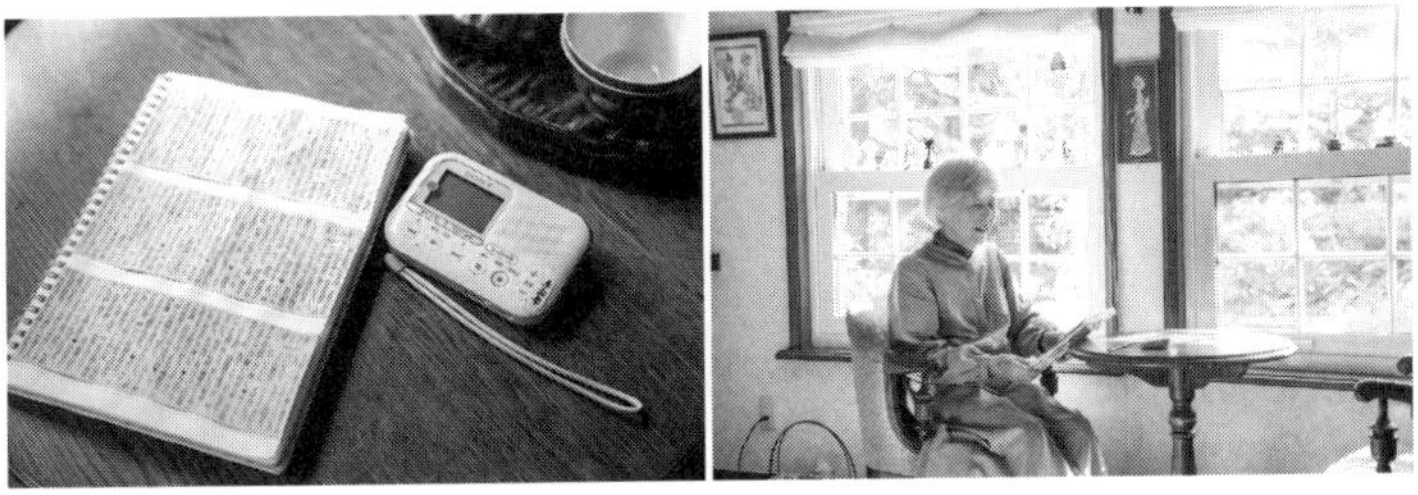

新聞コラムの音読も毎日のルーティン。

読する場所は、リビングの窓際と決めています。ここは季節ごとに異なる表情を見せる庭を眺められるから大好きです。お気に入りの場所で音読すると、心なしか気分も良くなります。

私の音読は、1回読んでおしまいではありません。最初に音読したら、はさみで記事を切り抜いてノートに貼って、2回めの音読をします。この2回めの音読はレコーダーに録音します。録音したものを自分で聞いて、間違っていたり、ちょっと詰まっていたりしたら、もう1回やり直しです。間違えずに読めるまで繰り返します。できるだけ口を大きく開け、ゆっくり、はっきり声を出すことを心がけています。音読後は記事を貼ったノートに、ひと言を書き入れることもしています。

読むだけですが、頭も使うし、口も動かすし、意外と疲れます。でも、やり終えるとすがすがしくて、達成感があります。庭の散歩やピアノの練習、運動などに加えて、音読も続けたい習慣のひとつになりました。

夢中になったら、痛いのも忘れます

興味のあることはなんでもやることにしています。ＹｏｕＴｕｂｅには私の趣味遍歴を紹介している動画があります。フラダンスや刺しゅう、お人形作り、お茶などいろいろやってきました。

続いたものもあれば、続かなかったものもありますが、いろいろな世界をのぞいたことで人生が豊かになったことは確かです。

スマホで写真を撮影するのも、近頃楽しんでいます。娘たちからスマホで撮った写真を見せてもらったときに、驚くほど解像度が高く、色彩が美しいと思いました。面倒なフィルムセットやレンズ交換もなく、手ブレしてもカメラが修正してくれるし、軽くて持ち運びもとても楽！

動画も簡単に撮影できて、その場で見ることもできることにも感心して、娘に「カメラとして使いたいから、性能が良いスマホを買ってきて」と頼みました。重いカメラを持たなくても、気軽に撮影できるのがいいですね。便利な世の中になったものだと感心しています。

スマホでの写真撮影は
最近のマイブーム。

9月の中秋の名月もばっちり写真を撮りましたよ。トイレに行くために起きた真夜中2時に、なんとなく窓の外を見たら、明るいのです。「もしかしたら月の光かしら?」と窓際に近づいたら、月が青白い光を放って辺りを照らしていました。それで、スマホを取り出して、部屋の中から撮影したのですが、窓一面に蜘蛛《くも》の巣がかかっていました。「蜘蛛の巣を前影にして名月を撮る、これはなかなかないことで面白い!」と思い、シャッターを切ったところ、蜘蛛の巣と月が見事に写っています。超至近距離の蜘蛛の巣と、何十万キロも離れた超遠距離の月が、どちらもくっきりと写っていることに驚くとともに感動しました。

その日は再び眠りましたが、翌日の十六夜の月も撮りたいと思いました。娘の庭のススキとお月さんをいっしょに撮ってみようと、昼間に構想を練っておきました。

それで、また夜中2時頃に起きて、計画を実行しました。隣に住む娘

夜中にひとり、
庭で撮影したお月さま。

や孫たちには話さず、ひとりでの撮影です。前日とは違い、家の外に出て、庭で撮ることは決めています。意気揚々と出ようとしたそのとき、「転んだらどうしよう？　こんな夜中だから、誰も助けに来てくれないよね」という考えが頭をよぎりました。

でも、どうしても撮りたい、今逃したら、来年まで後悔します。それならやるしかないでしょう！

月明かりが照らしているとはいえ、あたりは真っ暗です。小さな懐中電灯を灯して外に出ました。北海道の秋の夜中だからひんやりしていました。でも、やりたい気持ちが強いから寒さなんてまったく気になりません。転ばないように注意しながら、ススキのそばまでそろりそろりと歩いて行って、空を見上げたら、お月さんがこれ以上いい場所はないというところまで来ました。これは撮らなきゃ駄目だと思って、ちょうどいい構図になるように、腰をかがめて撮りました。

月とすすきはちょうど画面におさまり、一点のかげりもない写真に仕上がりました。動画も撮影したのですが、そこには秋虫の大合唱も。とても良い思い出になりました。

私は、腰痛持ちです。だけど、そういうときってすごく集中しているから、全然腰が痛くないのです。夢中になったら腰の痛みなんて忘れるものですね。集中力って恐ろしいものだ、と撮った写真を見返しているときにつくづく思いました。

せっかくこの世に生を受けたのだから、やりたいことを楽しまなくては、もったいないでしょう。それに楽しんでやっているときって、頭もシャキッとするし、痛いのも忘れます。私自身の経験からわかっているので、まだまだどんどんチャレンジするつもりです。

始末の良い暮らしには、今の私たちが感じられない豊かさがあります

今は食べものも洋服も生活用品もいっぱいあるでしょう。戦中戦後のもののない時代を生きてきた私は、過剰生産になっていると感じます。

工夫すれば何でも利用できる、そう思うのはこの家に嫁いできてからの暮らしでものを粗末にしないことを徹底的に学んだからです。私が嫁いできた昭和30年代は戦後10年が経過していましたが、まだまだ物資は豊かではありませんでした。主人の祖母は「どんなものにも阿弥陀さんが宿っている」と話し、それはそれは大切にものを使っていました。

長女が生まれた頃、着古した浴衣をほどいた糸を捨てようとしたら、「長い糸は雑巾など刺すときに使うから揃えて保管を、短い糸はボロ綿にするから捨てないように」と教えられ、驚きつつも感心しました。

洗顔に使っていた手ぬぐいは、1年経ってゴワゴワすると、綺麗に洗って干した後、三つ折りの雑巾に生まれ変わりました。それもボロボロ

になるまで使ったら、手で揉み洗いをして乾かして、綿に打ち直しました。赤ちゃんのオムツは着古した浴衣で作り、娘たちの子ども時代の服も私が着ていた服をほどいて作り直していました。

お米を炊いたお釜の底に残ったごはんのおねばも捨てませんでした。新婚当初、それを知らずお釜を洗っていたら、「浴衣やシーツの糊付けにするから取っておきなさい」と教えられました。豆腐を包んだ新聞紙はストーブ台で乾かして、適当な大きさに切って、チリ紙にしました。

ものを最後まで大事に使う、無駄がなく、ゴミの出ない暮らしでした。食べるものもほとんど自給自足です。味噌やにしんの切り漬け、たくわん、干しぜんまい、干しわらび、糠にしんなどの保存食を作りました。娘はお味噌や保存食を作りますが、当時の名残もあるのでしょうね。

山にある畑に行って、野菜などの種まきや栽培もしました。畑で育てた大根は大きな樽に仕込んでお漬物にします。寒い地域に住んでいる人は漬物好きだと言われますが、何にもない冬に備えた大事な保存食でした。そのまま切ってお漬物として食べる日もあれば、煮物に使う日もありました。畑で収穫したじゃが芋や人参、大根、かぼちゃ、玉ねぎなど保存のきく根菜類と、乾燥した山菜が冬の主な食べものでした。

そんな時代を過ごしてきたから、スーパーやコンビニエンスストアに行けば、たくさんのものが売っている、季節を問わず何でも食べられる暮らしは便利だなと思います。

でも、使えるものもどんどん捨ててしまう、たくさん作りすぎてしまうのはいかがなものかしら？　と心配になります。ものを大事にする暮らしは大変でしたが、今の私たちが感じることのできない豊かさがあるような気がします。その暮らしから学ぶべきヒントや知恵はたくさんあるはず。そんな気持ちで若かりし頃を振り返っています。

92歳。いろいろなことを経験して、今がいちばん幸せです

孫のＫｕｒｏが撮影編集するＹｏｕＴｕｂｅ動画には、好きなことをしてのんびりと暮らしている祖母の私が存在しています。美しい北海道の自然の中で、家族に囲まれて幸せに暮らしてきた高齢の女性のように見えますが、ここまで来るには、辛いこともありました。

結婚前はのびのびと自由を謳歌していましたが、嫁いできた北海道は、義理の祖母や母、主人の妹たちに加え、住み込みの使用人たちもいる大所帯で自由のない生活。食欲不振でみるみる痩せていき、痩せすぎているのが嫌で、着物を着て、からだを隠していることもありました。病院の診断で自律神経失調症とわかり、何回か入院したこともあります。今の時代なら、ストレスと言うのでしょう。当時は、早く死にたい、とまで思ったこともありました。この暮らしがずっと続いて、年取っていくだけだ、と絶望していたのです。『格子なき牢獄』という題名の古いフランス映画があるのですが、本当にここでの暮らしは牢獄に入ってるよ

うなものだと思っていました。

今考えると、自分を悲劇のヒロインにしていた部分もあると思いますが、当時はまだ飛行機はなく、実家に帰ることもままなりませんでした。本当に苦しく辛いだけの毎日が続いていたのです。

次々と3人の子どもが誕生したのは幸いでした。かわいいわが子のために死んでなんていられない、という気持ちになりました。

でも、子どもは親の気持ちに敏感です。私が鬱々した気分でいるのを察知した子どもの夜泣きに毎晩悩まされました。周辺の部屋には早朝から仕事をする人たちが眠っています。泣き声が聞こえると迷惑だから、親子で押入れに入って布団をかぶって泣き声がもれないようにしました。私もいっしょに泣いて、辛かったです。

今の私からは想像できないような生活が10年ほど続きました。

店と住居を分けてからは、穏やかな気持ちになりました。家の中も自分の好きな家具や調度品を置けるようになったし、家族だけで旅行することもできるようにもなりました。家族から、お母さんの表情が明るくなったと言われました。

私は、夜の静寂《しじま》が好きです。静かな空間に身を置いて、思い出の品を眺めたり、古い手紙や日記を読んだり、撮影した写真を見たりして、そのときどきの会話や感情、出会った人々に思いを馳せます。

でも今は、辛かった時代のことはあまり思い出さないです。過ぎてしまえば懐かしく、愛おしくさえ思われます。やっぱり、自分のやりたいことをやって、気持ちを閉じ込めていないのが自分らしく生きるために大切です。

今は小さな幸せを積み重ねながら、残りの人生を全うできたら、それ以上の幸せはないと思っています。

Kuroが語る祖母のこと

優しくて
好奇心旺盛、
それが
僕の祖母です

幼い頃から両親ともに忙しく働いていたので、僕は自宅の隣にある祖父母の家にしょっちゅう遊びに行っていました。祖父母の家にはいつでもお菓子がたくさん置いてあり、特に祖母は遊び相手にも話し相手にもなってくれたので、僕は楽しくて仕方がありませんでした。トランプをやりたいと言うとふたりなのに相手をしてくれましたし、「テレビゲームで遊ぼう」と提案すると、必ずいっしょにプレイしてくれました。

祖母はとても優しい人です。5歳か6歳のとき、祖母の大事な万年筆のキャップを誤って割ってしまったことがあります。母に「これはおばあちゃんがとても大事にしているものなんだよ、ちゃんと謝りなさい」と言われ、僕は慌てて祖母に謝罪しました。すると、祖母は「ああ、これはもともと壊れていたんだよ。だから大丈夫だよ」と言って笑いました。それを聞いて、僕はほっとしたことをよく覚えています。ただ、今になって思うと、あれは動揺して今にも泣きだしそうな幼い僕を安心させるためについてくれた、祖母の優しい嘘だったのです。

祖母の影響もあり、僕は5歳から近所の教室でピアノを習い始めました。祖母は現在、毎日ピアノを弾くことを習慣としていますが、昔も『エリーゼのために』や『トルコ行進曲』といったクラシックピアノの定番をときどき弾いて聴かせてくれました。祖母の弾く『トルコ行進曲』に憧れていた僕は、小学校6年生のとき、通っていたピアノ教室の先生にお願いして、発表会で『トルコ行進曲』を弾くことになりました。しかし怠け者で練習嫌いの僕は、いつまでたっても練習する気が起きず、発表会の3週間前になっても、楽譜の1ページ目すら、ろくに弾けないような状態でした。その状況を見かねた祖母が「ちゃんと練習しなさい！　おばあちゃんが見ていてあげるから」と僕に活を入れてくれました。そこからの3週間、ピアノの先生からの指導や祖母からのアドバイスを受けながら猛特訓をして、無事に発表会での演奏を成功させることができました。追い込まれた状況で、本気で集中して必死に物事に取り組んだのは、そのときが人生で初めてだったと思います。祖母の、心を鬼にした厳しい言葉がなければ、きっと失敗に終わっていたことでしょう。ただ単に優しいだけではなく、厳しさもあわせ持つ祖母の芯の強さを垣間見た気がします。

いろいろなことに興味を持ち、少しでもやりたいと思ったら恐れずチャレンジするというのも祖母の特徴のひとつだと思います。ピアノやカメラ、陶芸、フラダンスなど、僕の記憶が正しければ、これらの趣味のほとんどは、60歳を越えてから始めたものばかりです。最近だと、テレビでＹｏｕＴｕｂｅを視聴したり、スマホで写真や動画を撮影したりするなど、現代のテクノロジーも積極的に取り入れています。好奇心旺盛でとにかくやってみるというスタイルは、どことなく母にも通ずるものがあり、やはり血は争えないものなのかな、とも思ったりします。

祖母はものを大切にする人です。写真や音声、文章などでものを記録することから、雑貨や食器、家具、思い出の手紙やメモ、領収書、新聞の切り抜きといったものまで、さまざまなものを大切に保管しています。

一方で僕は、ものはなるべく持たない方が良いという考え方です。旅行はバックパックひとつで行くタイプですし、本当に必要なときや欲しいとき以外は、ほとんど買いものをしません。

祖母とは正反対の考え方ですが、僕は祖母のものを大切にしたいという考え方を尊重しています。

なぜなら、祖母の持っているものには、そのひとつひとつに大切な「思い」や「気持ち」がこもっているからです。祖母は無駄なものをたくさん持っているのではありません。大切なものをたくさん持っているだけなのです。だから僕はその「思い」や「気持ち」を尊重しています。とても素敵なことだと思います。

epilogue

Kuroが語る終わりにかえて

YouTube撮影で気づいた「庭は生きている」

母は園芸店を経営していた頃、いつもお店のことを最優先にしていました。25年近く、自分自身の庭のことは二の次にしていたことになります。手つかずの庭は荒れ放題でした。

2019年に「2020年3月で園芸店を辞めて、来年からは自分の庭づくりに本格的に取り組む」と母から聞いたとき、一体どんな庭を作るのだろうとひそかに楽しみな気持ちになったことを覚えています。

母が本格的な庭づくりを始めた2020年当時、僕は実家から遠く離れた愛知県名古屋市で会社員生活を送っていました。庭を見ることができる機会は少なく、GWやお盆といった大型連休だけです。実家に帰省するたびに庭の景観が変化していくのが素人目にも明らかだったので、これから母の作る庭が一体どのように変わっていくのか、ますます期待がふくらみました。

次兄の庭から母の庭を望む。

その後岐阜県への転勤を経て、2021年の年末に北海道に戻り、『北国の暮らし』の撮影とYouTube投稿を開始しました。それ以降、母や祖母の暮らし、冬の雪景色、そして春から秋にかけての庭しごとの映像を撮り続けています。

母が庭づくりに本格的に取り組んでから大きく変わったのは、まず庭のバリアフリー化です。それまで庭に出ることがほとんどなかった祖父が庭を散歩し始めるきっかけになり、祖母も晴れた日には積極的に庭を歩き回るようになりました。同じ敷地に住む姪っ子たちが庭で遊べるような工夫も施されています。家族みんなが「庭に出たい」と思えるような、居心地の良い庭づくりを母は目指しているのかもしれません。

実際、僕自身も庭に出る機会が格段に増えました。もちろん「撮影」という目的があるからですが、そもそも「撮影したい」と思わせるよう

庭しごとをする
母を撮影。

な、すばらしい庭を母が作ってくれているというのが大きな理由だと思います。

母の庭しごとを手伝うこともありますが、僕は植物や造園に関する知識がないので専門的な作業ができません。撮影の合間に重いものを運ぶ手伝いをする程度です。撮影中に本格的に手伝ってしまうと映像に残せなくなるため、基本的には撮影に集中することにしています。

カメラを回しながら母の様子を観察していると、わが母ながら「本当によく動く人だな」と思います。

母だけではなく、母と一緒に作業をするガーデナーさんや職人さんたちも手際よくテキパキ働きます。「類は友を呼ぶ」ということわざがありますが、働き者は働き者を引き寄せるのかもしれません。

ＹｏｕＴｕｂｅの撮影をするようになってから、「庭は生きものだ」と感じるようになりました。母のおかげで庭は大きく変化しましたが、人の手入れによる変化以外にも、季節の移り変わりやその日の天気、時間帯など、さまざまな種類の変化を感じることができます。

例えば、同じ晴れの日であっても、カンカン照りの日が続いているときの晴れと、恵みの雨が降ったあとの晴れでは、植物の表情はまるで違います。手入れを怠ると病気になってしまう植物もあります。

庭づくりにおいては、人間の力と自然の力、どちらも必要不可欠なのだと気づきました。とても奥深く、面白いです。

ずっと家族を見守ってきたハルニレの木。

外の世界へ

『北国の暮らし』にたびたび登場する背の高い木はハルニレです。

50年以上前、祖父母が家を建てた頃にはすでにそこにあったそうです。ハルニレは北海道で数多く自生している木なので決して珍しくはありませんが、その存在感はとても大きく、気がつけば実家のシンボルツリーとなっていました。

僕はことあるごとにハルニレの木を撮影しますが、その理由は、いつでも変わらずそこに存在し、家族を見守ってくれているという安心感があるからかもしれません。

「変わらずそこに存在する」ことほど有り難いものはありません。なぜなら、形あるものはいずれすべて消えて無くなってしまうからです。

プロローグでも書きましたが、それがわかっているから、今のうちに家族の暮らしを映像として記録しておきたいと考えたのです。

記録するだけでなく、ＹｏｕＴｕｂｅを通じて世界中に発信したいと考えたのは、「外の世界を知ること」の面白さを知っているからです。僕にとっての内側は、誰かにとっての外側です。僕が普通だと思っていても、外から見れば普通のことではないかもしれません。だからきっと、母や祖母たちがただ普通に暮らしている様子を配信すれば、それだけで「面白い」と思ってくれる人が世界のどこかにいるだろうと考えました。

外の世界を知る術《すべ》はたくさんあります。実際に足を運んだり、人と話したり、働いたり、本を読んだり、映像を見ることもそのひとつです。

僕は10代の頃、外の世界とはすなわち「北海道の外」あるいは「海外」のことだと勝手に決めつけていました。それはある意味では正しいのですが、本質的には間違った考え方だと今では思います。

例えば、僕の母は、北海道の小さな田舎町で暮らしているにもかかわらず、仕事などを通じて北海道中、日本中にネットワークを広げ、次々と新しいチャレンジをし続けています。
祖母は日々の暮らしの中であれこれ考えながら工夫し、小さな楽しみを生み出し続けています。スマートフォンで写真を撮ることも、新聞のコラムの朗読をすることも、祖母にとっては未知の世界を知るための挑戦なのです。

母が現在作っている庭は、母のこれまでの経験や知識の集大成です。家族をつなぎ、やがて外の世界へつながっていくような、そんな素敵な庭になるような気がします。まだまだ道半ばで、思うように自宅の庭づくりは進んでいませんが、理想の庭を作りあげたいと考えているはずです。僕は、母の庭が完成するまではＹｏｕＴｕｂｅの配信を続けたいと考えています。

祖母はあるとき、自分が書いた雑記帳や撮影した写真を振り返りながら「これは私が生きた証だ」と言いました。僕はその言葉が忘れられません。母が作っている庭も、僕が撮影している映像も、いつか「生きた証」と言える日がくるかもしれないからです。

もちろん、今書いているこの本も同じです。母や祖母の考え方や思いをこのような形で書き残す機会は滅多にありません。ＹｏｕＴｕｂｅを通じて生まれた縁を大切にしつつ、これからもさまざまな形で記録を残していきたいです。

そして、願わくはこの本を読んだあなたの心に、ひとつでも何かが響いたとしたら、僕たちにとってこれほど嬉しいことはありません。

２０２５年2月14日　Ｋｕｒｏ

ちらし寿司

家族や友人が集まるときによく登場するのがちらし寿司。

お米より具の方が多くて、驚かれます。

世界で有名なレストランのシェフたちにも振る舞い、気に入ってもらえました。

しいたけ、かんぴょう、油揚げの甘辛煮は、数回分を一度に作り冷凍しておくと便利です。

あとは庭の野菜や冷蔵庫にある食材を用いると、すぐにちらし寿司ができます。

家族のリクエストはもちろん急な来客でもあっという間に対応できます。

この3種のストックを、「わが家のすし太郎」と呼んでいます（笑）。

《しいたけ煮》材料と作り方（2回分）
干ししいたけ　70g
砂糖、みりん、醤油　各大さじ2
仕上げ用みりん　大さじ1弱

1 干ししいたけは、たっぷりの水で戻す。戻し汁はかんぴょう煮用に150mℓ取りおく。
2 鍋に戻したしいたけと戻し汁を入れ、水をひたひたになるくらい加え、中火にかける。
3 沸騰したらアクを除き、30分ほど煮る。煮汁が少なければ水を足す。
4 砂糖とみりんを加え5分ほど分煮る。醤油を加え、焦げないように煮含める。
5 汁気がなくなってきたら仕上げ用のみりんを加え、照りを出す。

《かんぴょう煮》材料と作り方（2回分）
かんぴょう（乾）　60g
しいたけの戻し汁　150mℓ
砂糖、みりん、醤油　各大さじ2
仕上げ用みりん　大さじ1弱

1 かんぴょうは塩もみをして洗い、たっぷりの水で戻し、軽く絞る。
2 鍋にかんぴょう、しいたけの戻し汁、水400mℓを加え、中火にかける。
*作り方**3～5**はしいたけ煮と同じ。

《油揚げ煮》材料と作り方（2回分）
小揚げ　15枚
砂糖　大さじ3～4
みりん　大さじ3
醤油　大さじ4～5
仕上げ用みりん　大さじ1弱

1 鍋に湯を沸かし、沸騰したら油揚げを入れ、さっと茹でて油抜きをする。
2 鍋に油揚げを入れ、水をひたひたになるまで加え、柔らかくなるまで中火にかける。
*作り方**3～5**はしいたけ煮と同じ。

材料と作り方（作りやすい分量）
米　3合
すし酢　適量
《具》*太字は必須の具
しいたけ煮、かんぴょう煮、
油揚げ煮（細切り）　各半量
鮭（焼いてほぐす）　1～3切れ
*ハム、エビ、ツナなどでも可
にんじんのせん切り（塩茹で）　1本分
きゅうりのせん切り　1～2本分
ちりめんじゃこ（油で炒める）　½カップ
甘酢しょうが（細切り）　適量
みょうが、青じそ、季節の野菜
（菜の花、さやえんどうなど、茹でてせん切り、れんこん茹でて薄切り）　お好みで
錦糸卵　9個分
（卵3個に対して、砂糖大さじ1・塩小さじ½・　だし汁大さじ1・水溶き片栗粉小さじ1）
白いりごま、刻みのり　適量

1 米は昆布を入れて硬めに炊く。
2 具を用意する。
3 ごはんが炊けたら、熱いうちにすし酢を合わせ、人肌までうちわなどで冷ましながら切り混ぜる。
4 具を順に混ぜる。小さい具、少ない具から混ぜ、最後に錦糸卵とのりを飾る。
*ごはんと具の割合が1：2くらいになると良い。

長女がりんごアレルギーで、煮たら食べられることがわかり、
その後、度々作るようになりました。
いろんな本を参考にして研究しましたが、
あるときテレビで偶然見たレシピがおいしかったので、
わが家の味に落ち着きました。

アップルパイ

材料と作り方（18cmのタルト型1台分）

《パイ生地》

薄力粉　225g

強力粉　75g

バター　225g（有塩無塩どちらでも可）

冷水　120〜145cc（酢小さじ1を加える）

《りんごのキャラメリゼ甘煮》＊残ったら冷凍

りんご　1kg程度（正味）

砂糖　りんごの10%~20%程度

バター　30g程度

りんごの甘煮を作る

1　りんごは皮と芯を除き、8等分に切り、正味1kg程度を用意する。

2　**キャラメリゼする場合**／フライパンに砂糖を入れて中火強にかけ、混ぜずにそのまま待つ。全体に薄いキャラメル色になったら木べらなどで混ぜ、色が濃くなって泡が出てきたら火を止め、りんごを加えて絡め、バターも加える。よく冷ます。
煮る場合（甘く仕上げたい場合）／鍋にりんごを入れて砂糖をまぶし、少し時間を置いて水分を出す。バターを加えて中火にかけ、焦げたり煮崩れたりしないように気をつけ、水分がなくなるまで煮る。よく冷ます。

パイ生地を作る

1　材料は冷やしておく。

2　バターは2cm角に切る。

3　ボウルに粉をふるい入れ、バターを加える。

4　カードやフォークでバターを細かくしながら、手でもみ込むように粉とバターを混ぜる。

5　バターが大豆粒くらいになったら、ボウルの中に集め、真ん中をへこませ、酢入りの水を少しずつ加え、混ぜる。

6　ボソボソしているくらいでよく、ひとつにまとめ、ラップして冷蔵庫で一晩休ませる。

7　打ち粉をした上に生地を出し、めん棒で押さえるように広げる。

8　広がったら、切っては重ねを数回繰り返す。このとき、四角形または円形をイメージして切り重ねる。

9　ラップして冷蔵庫で1時間ほど寝かせる。

成形する

1　オーブンを220〜240°Cに予熱する。

2　生地を4：6に切り分ける。4の方は冷蔵庫に入れておく。

3　型より2〜3cm大きめに伸ばして型に入れ、へりを立ち上げ、なじませ、フォークで穴を開ける。

4　りんごの甘煮を適量入れる。汁は入れない。

5　冷蔵庫から残りの生地を出し、型より大きめに伸ばす。

6　蓋をするようにかぶせ、接着面に溶き卵を塗り、くっつける。

7　はみ出た生地を切り取り、表面に切れ目を入れる。

8　溶き卵（分量外）を表面に塗る。

9　オーブンに入れ、焼き色がつくまで220〜240°Cで20分ほど焼き、その後170°Cに下げ、30分ほど焼く。

以前はカレー粉まで入れていましたが、最近はここまで作って冷凍です。
保存袋は良いものを使うことで状態が保たれます。
カレー粉はエスビーの赤缶を愛用。
チキンカレーと同じ材料で、肉を豚肉や牛肉に替えて作ることもあります。

カレーの素と自慢のカレー

《チキンカレー》

材料と作り方（5皿分）

鶏もも肉（手羽先、手羽元でも可）　500g
カレーの素　1kg
玉ねぎ　1個
セロリ（あれば）　半分
にんにく　1片
カレー粉　大さじ½〜1
ヌクマム、好みの油、好みのスパイス　各適量

テンパリング用

オリーブオイル　大さじ2
ブラックペッパー、カルダモン、キャラウェイ、クミン　各小さじ1

1 鶏肉は一口大に切る。
2 玉ねぎとセロリは粗みじん切りに、にんにくはみじん切りにする。
3 鍋に油を中火で熱し、肉を焼く。肉の表面に焼き色がついたら取り出す。
4 同じ鍋に**2**、塩ひとつまみを入れ、肉のうまみをこそげ取りながら炒める。油が足りなければ足す。
5 玉ねぎがしんなりしたら肉を戻し、軽く炒め合わせる。水だし500㎖を加えて強火にし、沸騰したら中〜弱火で、肉が柔らかくなるまで煮る。
6 カレーの素を加え、弱火で煮る。
7 カレー粉、塩を入れ、調味する。好みのスパイスを入れても良い。
8 フライパンにテンパリング用の材料を入れて中火にかけ、湯気が立つまで熱する。香りが立ったら**7**に加え、塩、ヌクマムなどで味をととのえる。

《カレーの素》

材料と作り方（作りやすい分量）

トマト　全体で2.5kg
（冷凍、ミニトマト、瓶詰、缶詰など何でも良い）
玉ねぎ　1.75kg
にんじん　1.4kg
セロリ　250g
にんにく、しょうが　各125g
ごはん　大さじ2
オリーブオイル　80g程度
塩（ゲランドの塩など）　10g

1 玉ねぎは縦半分に切って5㎜幅に切り、にんじんは皮つきで縦半分に切って5㎜幅に切る。セロリ、にんにく、しょうがはみじん切りにする（フードプロセッサー可）。
2 大きめの鍋にオリーブオイル大さじ2を入れて中火にかけ、にんにく、しょうが、塩ひとつまみを入れて炒める。
3 セロリと塩ひとつまみを加え、5分ほど炒める。さらに玉ねぎを加え、しんなりするまで炒める。野菜が焦げつかないように、途中で油を加えながら炒める。
4 別の鍋にオリーブオイル適量を入れて中火にかけ、にんじんと塩ひとつまみを入れて完全に柔らかくなるまで丁寧に炒める。
5 **3**に、**4**、トマト、ごはんを入れ、ときどきかき混ぜながら弱火で30分煮込む。トマトの水分量により、足りない場合は水を足す。
6 火から下ろし、ハンドブレンダーでペースト状にする。
7 小分けにして冷凍する。

カレーの素に
カレー粉、塩を加えたら
スタンダードな
トマトカレーになります。

ミックス大豆
500円
DATE
MEMO
音更大袖大豆
800円
白花豆
紫花豆
500円
500円
600円
金時豆
江崎農場
380円
800円
紅豆
Soy bean
エンドウ

ゆで豆ミックス

サラダに、スープに、煮物にと、1年中活躍するわが家の代表的な保存食です。

時間が取れる冬に、まとめて大量に作っています。たっぷり作ると2日間かかります。

豆はいろいろな場所で出会ったら、即買い（笑）。

春から秋の間に買い集めたいろいろな豆を、戻してじっくり水煮にします。

応用レシピ

豆のスープ

玉ねぎ1個のみじん切り、ベーコンの細切り少々をオリーブオイルでよく炒め、にんにくペースト小さじ1（好みで加減）を加え、ゆで豆ミックス2カップ（好きなだけでも良い）を加える。他の野菜を刻んで入れても良い。好きなだけ水だしを加え、野菜が柔らかくなるまで、火を入れる。塩とヌクマムで調味する。


*ゆで豆500gに塩小さじ1を入れて薄塩にします。

*余熱で火が入りすぎる場合もあるので、好きな硬さの手前で火を止めます。

*豆により茹で時間は異なります。新豆は早く、古い豆は時間がかかります。

*茹でた豆は傷みやすいので、冬の作業が安心。

*茹で汁は滋味深く栄養があるので、スープ、煮物などに再利用できるが、傷みやすいので塩を入れておくか、冷凍すると良い。

*わが家では大豆系（大豆、黒豆など）といんげん&べにばないんげん系に分けてミックスしています。

材料と作り方（作りやすい分量）

好みの豆　適量
*大豆、黒豆、とら豆、大納言、花豆、とら豆、金時豆など

1　状態が悪い豆があれば、選り分ける。
2　米をとぐように豆を洗い、豆の4倍以上の水に、豆がふっくらするまで一晩浸す。水が足りなければ足す。
3　鍋に豆を入れ、3～4㎝上まで水を加え、強火で茹でる。吹きこぼれないように気をつけ、沸騰したら弱火にし、豆が踊らないように気をつける。
4　アクを除きながら煮て、途中、水が足りなくなったら、水を足し、豆が常に水に隠れているようにして、好みの硬さになる手前まで煮る。
5　ざるにあけ、好きな豆同士をミックスし、食べる分量ごとに保存袋に入れ、冷凍する。

自家製米麹甘酒

家族が多かったときに大活躍した一升炊きの炊飯器を使っています。

レシピの分量で400㎖の瓶に4本と少しできます。

作った甘酒は敷地内に住む母と次男一家におすそ分け。

毎朝、豆乳、ヨーグルト、季節のフルーツにこの甘酒を入れて、ダブル菌活しています。

自家製甘酒は菌の数が桁違いに多いそうですよ。

材料と作り方

（作りやすい分量／**わが家の分量1800㎖分**）
米1合＋水　360㎖／**1080㎖**
米麹　200g／**600g**
水　200㎖／**600㎖**（米炊きとは別に）

1　米をとぎ、分量の水で炊飯し、硬めの粥にする。
2　炊き上がったら、水を加え、よく混ぜ、温度を下げる。
3　米麹をほぐし入れ、よく混ぜる。
4　炊飯器の蓋はせず、布巾をかぶせ、保温機能で60°Cに保ち、途中1～2回混ぜ、8時間発酵させる。
5　煮沸消毒した保存瓶に入れ、冷蔵庫で1週間以内に食べきる。残りは冷凍保存する。

*65度以上にならないように気をつける。

最近気に入っているのが、
甘酒ヤンニョム。
野菜を和えたり、
ヤンニョムチキンにしたり、
簡単キムチの素にもなります。

応用レシピ

甘酒ヤンニョム

甘酒大さじ山盛り3、韓国唐辛子の粗挽き・中挽き・細挽き各大さじ1、アミの塩辛（いかの塩辛でも可）、ヌクマム・にんにくペースト各小さじ1、味噌・ごま油各大さじ1を、すべてを混ぜ合わせる。

RICE MALT

昆布酢

容器に昆布を入れて、
かぶるくらいの酢を注ぐだけ。
酢がまろやかになり、料理に使うと
格段においしくなります。
常にキッチンカウンターにスタンバイ。
だしを取った後の昆布も、
昆布の佃煮に再利用します。

材料と作り方（作りやすい分量）
保存容器に5㎝大に切った昆布を5〜6枚入れ、かぶるくらいの酢を注ぐ。

水だし

冷蔵庫のドアポケットに常備している
わが家に欠かせないだし。
味噌汁や煮物、洋風スープも、
この水だしで作ります。何にでも使えます。
逆に言えば、
これがないと何にもできないんです。

材料と作り方（作りやすい分量）
だし昆布　5g（5㎝大2枚）
かつお節（または混合削り節）
　ひとつかみ（約20g）
いりこ　ひとつかみ（約20g）

容器に水2ℓと材料を入れて、冷蔵庫で一晩置く。
*冬は4日、夏は2日で使いきる。

自家製めんつゆ

水を加えていないので長持ちするし、
だし素材もしっかり入っているので、
薄めるだけで使えるというのが便利です。
めん類を食べるときは、このめんつゆを
水か水だしで薄めて使います。
煮物などいろんな料理にも使え、
冷蔵庫にストックしている私の必殺兵器です。

材料と作り方（作りやすい分量）
昆布　20g
混合厚削り節（またはかつお節）　30g
いりこ　20g
干ししいたけ　1〜2個
醤油・みりん　各300mℓ

1 厚削り節、昆布、いりこ、干ししいたけを大きめの保存容器に入れる。
2 鍋で醤油とみりんを煮立ててアルコールを飛ばし、1の容器に注ぐ。
3 冷蔵庫で保存する。

昆布甘酢

ピクルス液やすし酢として使います。
ゆで豆ミックスや、刻んで塩をした玉ねぎ、かぶや大根やにんじんなどを
少量の甘酢で漬け込むと、
箸休めになり、とても便利。
水を入れていないから、長持ちします。
濃い場合は水だしで薄めて使います。

材料と作り方（作りやすい分量）
昆布　15g
酢　300mℓ
みりん　100mℓ
砂糖　大さじ5
塩　小さじ2

1 鍋に酢、みりん、砂糖、塩を入れて中火にかけ、アルコールを飛ばし、砂糖を煮溶かし、火を止める。5cm大にカットした昆布を入れ、粗熱を取る。
2 保存容器に移し、冷蔵庫で保存する。

にんにくペースト

にんにくを料理のたびに用意するのは、面倒ではありませんか?
ちょっと時間はかかるけど、これを作っておけば、料理が楽しくなります。
北海道では夏の終わりから秋に地物のにんにくが出回ります。
最初は水っぽいので、12月くらいに仕込むのがいいように思います。
にんにくの芽は気にしません。

材料と作り方（作りやすい分量）
にんにく　300g
塩　15g
オリーブオイル　90mℓ

1　にんにくの皮を剥く。
2　フードプロセッサーににんにくと塩15gを入れてかく拌する。
3　オリーブオイルを45mℓ入れて混ぜ、残りの45mℓを加えて、また混ぜる。
4　煮沸消毒した小瓶に入れ、使う分は冷蔵庫、残りは冷凍保存する。

*袋保存は匂いが移るうえ、使いづらい。
*冷凍庫から出したら2週間ほどで使いきる。

トマトの保存食

トマトはわが家の必須食材。収穫したら、
下記の4つのタイプに加工後、保存し、
料理によって使い分けます。
瓶で脱気すると常温保存できます。

①完熟大玉（ブランデーワインなど）＝
水分が多いので、そのままで水煮のようになる
皮を剥き、カットし、保存瓶に入れて脱気。

②サンマルツァーノ＝
水分が少ないので煮詰めるのがラク
鍋で熱を加え、皮ごとブレンダーで
ピューレ状にし、保存瓶に入れて脱気。

③いろんなミックス
②と同じか、トマトソースの味付けまでして
保存瓶で脱気。

④ミニトマト（ミックス）
計量して保存袋に入れて冷凍。
大玉はカットする。
わが家ではカレーに使うので
2kg単位にする。

材料と作り方（作りやすい分量）
好みの完熟トマト　1kg
ローリエ、ローズマリー、塩　各適量

1 トマトはほどよい大きさに切り、鍋に入れて、塩を少し振って中火にかけ、水分がほど良くなるまで煮る。
2 鍋に入れたままハンドブレンダーでピュレ状にする。水分が多ければ、再度火にかけて煮詰める。

《保存法》
1 鍋に保存瓶と蓋、かぶるくらいの水を入れて中火にかけ、10分ほど沸騰させて煮沸消毒し、取り出す。
2 瓶が熱いうちにトマトピュレを入れ、蓋をする。手持ちのハーブがあれば入れてもよい。
3 深い鍋に保存瓶がすっかり隠れるほど、たっぷりの湯をわかし、2をドボンと入れる。
＊蓋は閉めすぎないが、しっかり閉める。
4 30分くらい脱気加熱する。蓋の淵から泡が出てくるのが、脱気されている印。
5 湯から出して蓋をきっちり閉め、自然に冷ます。

柑橘ペースト

友だちが教えてくれたレシピです。最初の教えはレモンで砂糖たっぷりでしたが、進化を遂げ、あらゆる柑橘を低糖で作るという今の形に落ち着きました。
ジャムは40%以上だと私には甘すぎるので、酸味の強い柑橘には30%くらい、酸味の低い柑橘には20%くらいの砂糖が好みです。その分、カビやすいので、長期保存は冷凍で。解凍後は早めに食べてください。

材料と作り方

好みの柑橘類、グラニュー糖　各適量

1　柑橘類はよく洗い、傷をつけないようにして皮ごと茹でる。途中、柑橘が湯から出ないように、落とし蓋などをし、湯が少なくなったら湯を足す。茹で時間は30分から1時間ほど。皮が柔かくなるまで茹でる。

2　皮が柔かくなったら、ざるにあげて、表面を乾かす。

3　粗熱が取れたら、バットの上などで実を開き、へた、真ん中の堅いところ、種を取り除く。

4　柑橘の重さをはかり、重量の20〜30%など好みの量の砂糖を用意する。

5　3を鍋に移し、砂糖を加えて中火にかけ、焦がさないように溶かす。

6　砂糖が十分混じったら、鍋からおろし、ハンドブレンダーでペースト状にする。煮沸消毒した保存瓶に入れ、冷凍保存する。

ローズシロップ

バラの中でも香りが強く、色が濃い品種を選んで、シロップ用として育てています。
花が開いたその日に収穫。バラの時期の私の密かな楽しみ。
炭酸水で割って飲みます。

材料と作り方

バラの花、水、グラニュー糖　各適量

1 バラが咲いたその日に収穫し、洗って乾かす。
2 花弁を花芯からちぎり、鍋に入れ、ひたひたの水を加えて中火にかけ、110分ほど煮出す。
3 湯に花の色が移ったら、火を止め、冷ます。
4 布かキッチンペーパーで濾す。
5 濾した煮汁の重さをはかり、同量のグラニュー糖を加え、溶かす。

*100%のシロップなので長持ちしますが、保存は冷蔵庫で。
1か月以上保存する場合は冷凍がおすすめ。

Kuro
北海道の暮らし（衣食住）を発信している
YouTubeチャンネル「北国の暮らし」運営者。
主に実家の母・祖母の生活や庭しごと、
四季の自然、料理などを発信している。

北国《きたぐに》の暮《く》らし
今《いま》を豊《ゆた》かに生《い》きる家《いえ》しごと庭《にわ》しごと

2025年2月14日　初版発行
2025年4月30日　3版発行

著　者　Kuro
発行者　山下　直久
発　行　株式会社KADOKAWA
〒102-8177
東京都千代田区富士見2-13-3
電話 0570-002-301（ナビダイヤル）

印刷所　TOPPANクロレ株式会社
製本所　TOPPANクロレ株式会社

•お問い合わせ https://www.kadokawa.co.jp/
（「お問い合わせ」へお進みください）
*内容によっては、お答えできない場合があります。
*サポートは日本国内のみとさせていただきます。
*Japanese text only
定価はカバーに表示してあります。

ISBN 978-4-04-607350-1　C0077